一看就懂的
金融常识
全图解

赵彦锋◎著

立信会计出版社

LIXIN ACCOUNTING PUBLISHING HOUSE

图书在版编目（CIP）数据

一看就懂的金融常识全图解/赵彦锋著.--上海:
立信会计出版社，2016.1
（去梯言）
ISBN 978-7-5429-4788-8

Ⅰ.①一… Ⅱ.①赵… Ⅲ.①金融学—图解 Ⅳ.
①F830-64

中国版本图书馆CIP数据核字（2015）第266393号

责任编辑　蔡伟莉
封面设计　久品轩

一看就懂的金融常识全图解

出版发行	立信会计出版社		
地　　址	上海市中山西路2230号	邮政编码	200235
电　　话	（021）64411389	传　　真	（021）64411325
网　　址	www.lixinaph.com	电子邮箱	lxaph@sh163.net
网上书店	www.shlx.net	电　　话	（021）64411071
经　　销	各地新华书店		

印　　刷	固安县保利达印务有限公司		
开　　本	720毫米×1000毫米	1/16	
印　　张	18	插　页　1	
字　　数	230千字		
版　　次	2016年1月第1版		
印　　次	2020年1月第9次		
书　　号	ISBN 978-7-5429-4788-8/F		
定　　价	39.80元		

如有印订差错，请与本社联系调换

前　言

美国哈佛大学经济学教授曼昆曾给全美大学生提出过5条建议：①学点经济学，知道经济规律，把握自己的人生。②学点统计学，统计是现实中最常用的技能。③学点金融学，要有人生风险的概念。④学点心理学，认清人类理性的瑕疵，包括你自己的。⑤相信自己的直觉与激情，适当忽视你认为应该忽视的建议。

震荡起伏的股市风波，让许多人更加认识到，懂点金融学常识是多么的重要。

金融源于生活。金融学中的许多概念都与生活密切相关，如衡量生活水平的恩格尔系数；与储蓄、购房都有关系的利率；随时都有可能影响人们吃穿用度的通货膨胀等等。再比如，每个人都不可避免要与银行打交道；出国要使用汇兑；国家每一个财政计划、每一个货币政策的出台，都有可能给我们的生活带来极大的影响。尤其中国千千万万的股民、基民、期民，无不在关注着每一次央行调整的货币政策。汇率、银行、利率、货币……这些金融学的关键词无时无刻不在影响我们的生活、学习与工作。我们的生活已经离不开金融学。我们每一天都要运用金融学规律进行选择和取舍，消费、投资、理财、融资、借贷都是一种金融活动。

随着财富日渐金融化、虚拟化，不懂金融，就等于自我隔离于世界。个人已经不能独善其身，不管你愿不愿意，金融已经影响你的生活。每个普通民众都有可能共享中国财富增长的盛宴，但守着"金窝"的天时地利，不一定就能分到大蛋糕。要想成为百万富翁乃至千万、亿万富豪，必须要找到一条捷径才行。这条捷径是什么呢？这就是金融。正像阿里巴巴开启宝藏大门的口令一样，金融正是打开财富之门的口令。

金融机构帮助你决定怎么花钱、怎么打理自己的财富，你是会成为一个有品位、有希望的新贵，还是一个暴发户。金融的发展程度会影响你住什么样的房子，开什么样的车子，甚至于娶什么样的妻子，嫁什么样的丈夫。人民币到底在你的包里越来越薄，还是升级换代，这都需要你付出行动，认识这个即将变化的金融世界。

金融学是一门"经世致用"的学科，如果说经济学让人更快乐，那么金融学无疑让人更加懂得生活的智慧。和经济学一样，在许多浅显易懂的故事中，也蕴含着金融学的道理。《一看就懂的金融常识全图解》一书就是通过这样一些贴近生活的内容，以读者喜闻乐见的方式，把金融学的知识向读者——讲述。

事实上，生活的富足不需要大把的钞票，需要的是经营生活的智慧。为帮助一些不了解金融学的读者朋友全面系统地掌握金融学知识，《一看就懂的金融常识全图解》汇集国内外众多金融学书籍的精华，以培养金融眼光、练就赚钱本领，学会以投资理财为出发点，用大量翔实插画图解的方式和通俗易懂的语言，全新演绎了金融学这门与老百姓密切相关的社会科学，使人们在茶余饭后轻松掌握经济学的精髓。

在百忙之中抽出片刻时间，每天读点金融学常识，在轻松中学习，在学习中放松，逐渐认识和理解金融学的基本知识。了解钱是什么东西，了解一切关于货币的指标与你的关系，这些知识对你必有裨益。读完此书，你会发现自己已是一个生活中的"金融通""金融学高手"了，你会明白如何在压力与繁忙之中保持一份轻松、从容和淡定，如何更聪明、更精彩地生活！

目 录

入门篇　开启金融之门

基础篇 走进金融的世界

Chapter 06　金融体系中枢——中央银行　　109

Chapter 07　狩财猎富的金融市场　　132

实操篇　打理金融生活

入门篇 开启金融之门

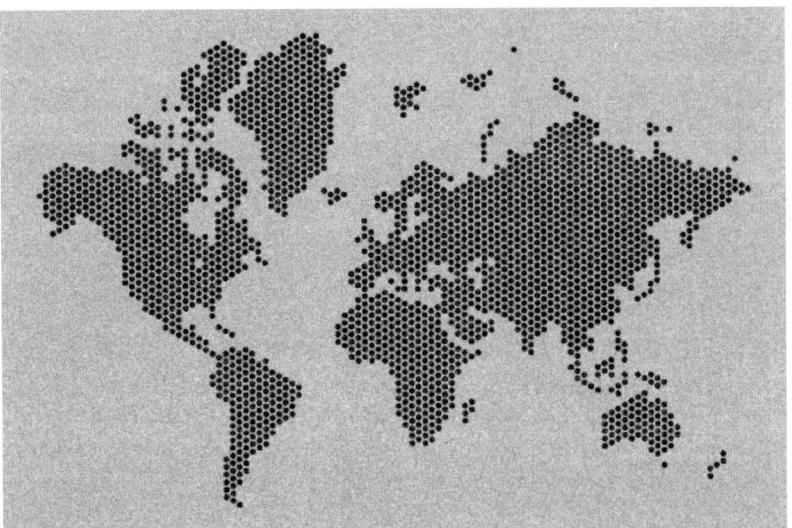

Chapter 1

我们生活在富饶的"金融时代"
——什么是金融学

···✻ 推开高贵冷艳的金融学殿堂大门 ✻···

⊙ 融入到生活中的金融学 ⊙

储 蓄

股 票

外 汇

保 险

债 券

随着社会的发展，时代的进步，金融学不再"神秘""高深"，已经渗透到我们生活中的各个方面。

　　人人都喜欢的东西是什么？人民币？对，但这种想法狭隘了。钱？对，虽然感觉有点俗，但至少没有人是排斥钱的吧？既然大家都喜欢钱，那务必要了解一下金融学，因为金融学研究的就是关于钱的问题，货币就是它的研究对象。更重要的是，当你推开金融学的大门，你会发现，金融无处不在。在这里，你不仅能接触到银行存款和银行借款，还能知道物价上涨会对利率产生何种影响；不仅能懂得利用基金股票来理财投资，还会知道外汇期货也是一种金融工具；你不仅能从"美国金融"中心华尔街漫步到香港，还能从北京金融大街畅游到上海陆家嘴金融中心；你不仅能欣赏庄严古朴的建筑，还能欣赏神奇的以钱生钱术，甚至还有金融操纵控制政治的强大力量。

　　乔布斯充满传奇的一生，三言两语是无法简单概括的。大学只念了一学期便辍学，之后和伙伴在车库里成立了苹果电脑公司，在公司的经营正风生水起时因理念不同而辞去苹果公司的职务，之后成立皮克斯动画且成功运营，再回到苹果公司将苹果公司经营发展至今。他成为了将互联网放到人们口袋里的人，成为影响世界的人。

　　乔布斯去世后的首个交易日，苹果公司的股价就出现震荡，使苹果公司成为纽约证券交易市场当日最受关注的个股。大家称乔布斯为"乔帮主"，有"独裁天才""当代爱迪生"等美名，他被认为是名副其实的魔法师。全球没有人不知道苹果公司，iphone和ipad在中国几乎家喻户晓，就连他创立的皮克斯动画也一直颇受欢迎。乔布斯对世界的影响无疑是用"巨大"这个词都无法形容的，他是改变世界的人。就乔布斯个人来讲，也许他并不关心苹果的股价，但是，在他带领苹果公司的时候，苹果公司的股价一路飙升，给股东们带来巨大的收益。

　　乔布斯似乎拥有无穷尽的意志力和行动力，创造出一个又一个商业神话和新奇产品，这不仅改变着他自己的现实世界和内心世界，也时刻改变和影响着人们的生活方式和对未来科技的认知。

2008年全球金融危机让许多企业损失惨重甚至破产，但是苹果公司却并没有受到严重的影响。非但如此，据数据显示，在这数年间苹果公司股价一路上扬，从曾经最低的80多美元到现在接近400美元，这是常人无法想象的。苹果公司从无到有，从小到大，并推向世界，影响民众，改变了人们生活方式的同时也创造了许许多多的消费热点，这无疑对金融的发展起到了非常重要的作用。

随着社会经济的不断进步与发展，金融投资活动越来越多地被人所认识并接受，成为平常百姓家的一个常见的话题，金融学早已走下学术的"神坛"，飞入了寻常百姓家。

以前，企业经济和金融都是分开的，联系还不是那么紧密；而现在，全球经济紧紧地绑在一起，企业经济和金融业无法分开，更重要的是，金融已经和每个人的生活绑在一起，金融和实体经济相互影响和渗透，跟人们的生活密切相关。

所以无论是生活还是生产经营，在当今社会都离不开金融。金融学并不是庄严神圣的人民大会堂，普通人不可以随便进出，它就像是一个项目丰富又幽深的公园，谁都可以进，但是对于你怎么利用它，还得看个人的知识和功力。有些人走错道，可能走进了可怕的鬼屋，好端端吓病一场；有些人好好研究，可能就走出了正确道路，不仅有美丽的风景，也许还有很多美味诱人的果实。

…❋ 越来越多的财富是金融活动创造的 ❋…

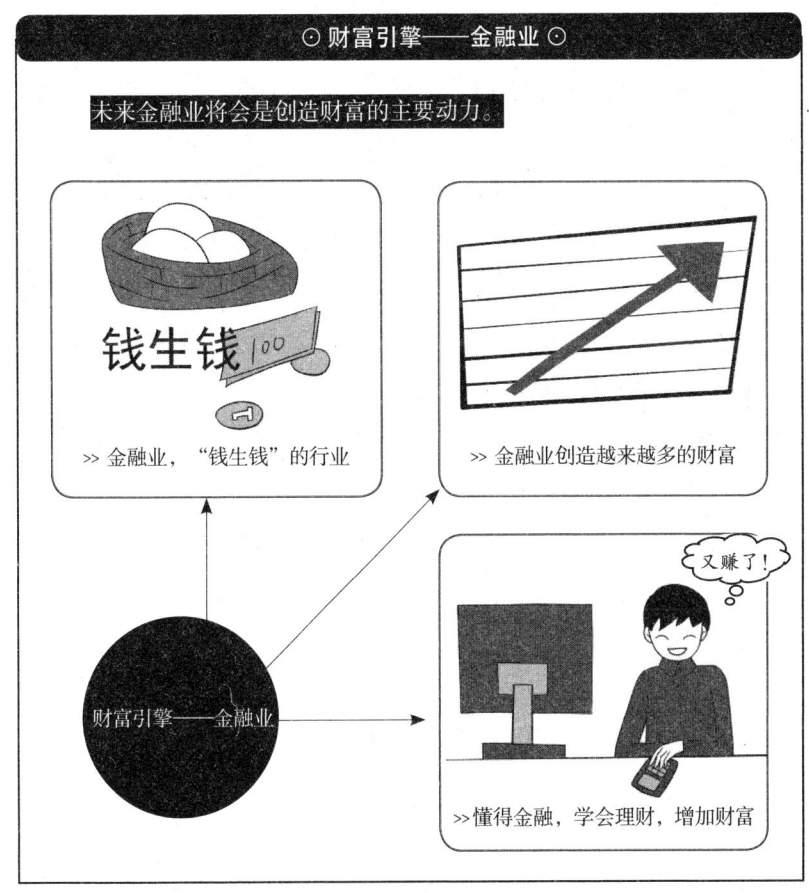

财富是怎么创造出来的? 我们说,有投入才有产出,产出就是财富。所有的产业都一样,包括农业,工业和服务业,都是以创造财富为目的。在早期的农业社会,财富是粮食,是农作物;在工业社会,财富就是产品，生产出多少产品就是创造多少财富；在服务业发达的今天，财富的创造逐渐从农业和制造业转移到服务业上，而服务业里面，创造财富最多的，莫过于金融业了。

财富被产生出来的标志就是用少量成本或者不用成本创造出更多价值。这种所谓不花成本的东西，我们称之为生产要素，主要包括自然资源、劳动力以及资本。资本呢，其实就可以俗称钱。那么很显然，用钱生钱似乎比其他两种要素生钱更为迅速，这就是金融业的作用。

那么金融是如何创造财富的呢？我们都知道，同样是钱，同样是财富，在不同的时间和地点，他们带来的效益是不一样的。举个例子：同样一百块钱，对于一个富人来说可能毫不在意，随手放在哪里毫不放在心上；但是对一个穷人来说，一百块钱就很有用。也许可以为孩子买一罐奶粉，也许正好给年迈的父母买上一盒急用药，也许是家里三五天的买菜钱。这就是资金的效用不同。另外，相同的钱用在不同的地方带来的收益也完全不同。比如还是那一百块钱，有些人可能拿来买吃的，被消费掉了；而有些人则有可能拿来投资，放到股市里从而赚来更多的钱。那么金融就有这么一个作用，在没有金融的时候，人们的钱多了只能储存起来；而有了金融系统以后，人们钱多了则有很多选择，可以放在银行里拿利息，可以放到证券市场上去投资，等待股息分红，或者购买保险、国债等等。当然，金融是有风险的，这个风险是每个人都需要承担的。与风险相对应的就是收益，金融创造出的巨大财富吸引广大资金闲置者将剩余资金放到金融市场里，以便为自己创造更多的财富。

从个人角度来说，重要的就是个人理财。时间往前倒退二三十年，大部分人说起理财恐怕只有一个途径：存钱。而现在，很多人都知道投资理财有多种途径，鸡蛋不能放在一个篮子里。我们除了要规避投资风险，同样要注意储蓄的收益可能被通货膨胀抵消，所以很多人会进行股票债券和保险、国债以及基金包括不同期存款搭配选择方式来进行一个资产保值增值的作用。

　　所以说，如今的生活中，越来越多的财富是被金融创造出来的，金融在经济生活中的作用也将越来越重要，我们每个人都应当越来越重视金融在我们生活中的地位，要更加深入地去了解和学习金融知识。当然，国家也必须加快金融制度建设，同样加快法制建设以促进金融的发展。

⋯⋇ 为什么有人钱多却感觉不到幸福 ⋇⋯

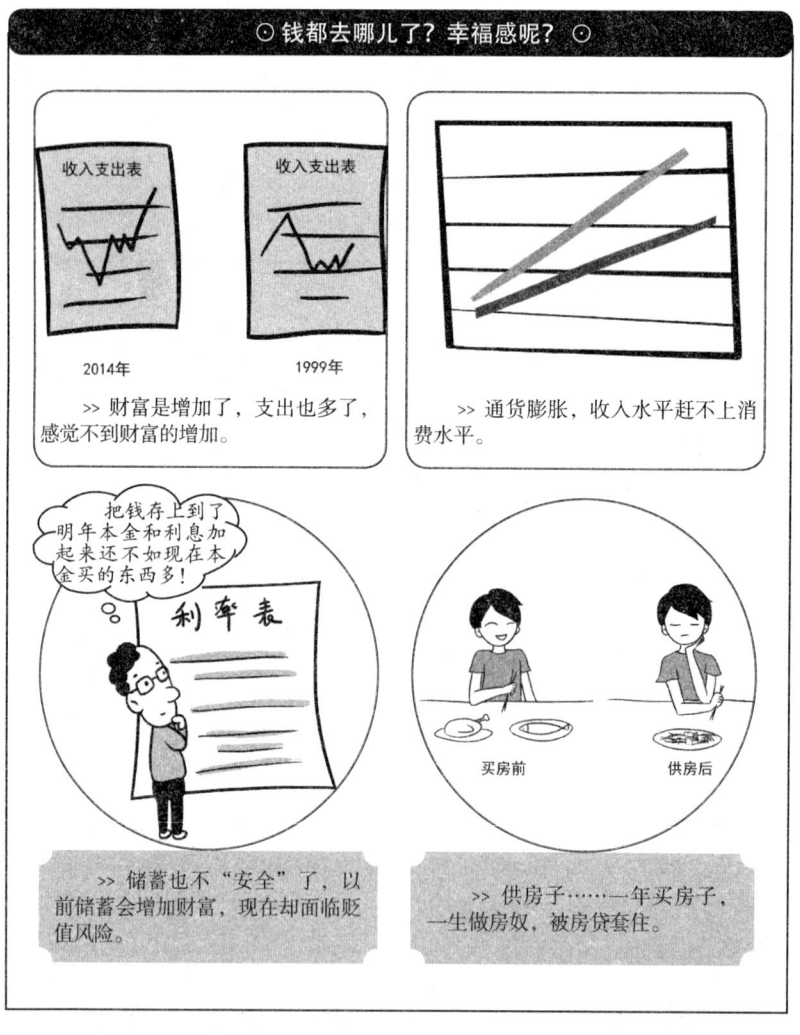

　　钱多起来了这句话，用来形容中国人确实一点也不过分。首先国家很富有，这是没的说，我们的外汇储备多得都让专家们忧虑了。从人们的财富上来说，也确实多了起来。就比如，在农村农民们盖起小洋楼，电灯电话不用说，家用电器也齐全了，虽然消费习惯和设施选择等方面的差异还是很大，但室内设施其实已经跟城里并没太大差别。至少，同十年前相比，生活水平是大大提高，同三十年前比，那改变更是天翻地覆。但是，为什么如今人们的幸福感还不如三十年前呢？

　　为什么中国钱多了许多人却并不感到富有？

　　陈志武教授说过这么一段话：以前基于亲情和友情从而实现的互助互惠的经济活动，如今已经是市场化、经济化的东西了，全部都渗透到了隐性的金融交易里。而现实里显性的金融服务，如同保险、养老、信贷以及其他投资产品又无法跟上，保障不够健全，那么中国人在钱多起来的同时，可能仍旧感到很不安。就像我们古有养儿防老的说法，而现在，老了不要养儿子就已经很好了，生活压力似乎远超过我们的收入，即使今天能过上富有的生活，但人们对未来依然是惴惴不安。这会导致人们的一个储蓄偏好，消费跟不上收入水平，因而会导致内需不足，无法增长，总体的经济增长仍然需要依靠大量外需来拉动，而中国人的幸福感也无法提升。

　　所以说起来就是：人们富起来了，但是金融工具没跟上。

　　在幸福感里面，一个很突出的问题就是房子的问题。在中国的文化里，本身就有一种置业文化，就类似于有房才有家。没有房子，即使结婚生子，却仍让人感觉浮萍无根，内心始终不觉得安定和充实，总有那么一种空虚感存在。因此，不管怎样，每个人几乎都有这么一个目标：要为房子而奋斗。正常来讲，也许为房子而奋斗只是人生中的一个阶段。而在中国特殊的国情下，年轻人要为房子奋斗终生。即使是老年人，也许也还要为下一代操心，为儿女买房子付上首付才算完事。更重要的是，变身房奴之后的人们消费会更少，有人流传说供上房子以后不敢换工作不敢生孩子甚至都不敢生病，虽然有些夸张，但反映了一个现实：除了房子这个本身不动产，不可流通之外，人们的消费力度更加下降，流通性更加减弱，因此更加阻碍了经济的增长。

我们再想一想，为什么我们总感觉美国人那么有钱？为什么他们很乐意全世界到处乱跑去旅游？为什么他们敢于赚多少钱就花多少钱，花没了再去赚？一方面这是观念上的差异，东西方消费观确实存在很大的不同；另一个方面就是西方国家保障比较好，而我们则还与其存有很大的差距。还有一个更重要的原因，就是美国金融系统发达，他们的资金很自由。相对来说，中国金融系统则没那么发达，这是我们经济制度需要努力发展和创新的方面之一。

⋯※ 金融治国，政府富有不如人民富有 ※⋯

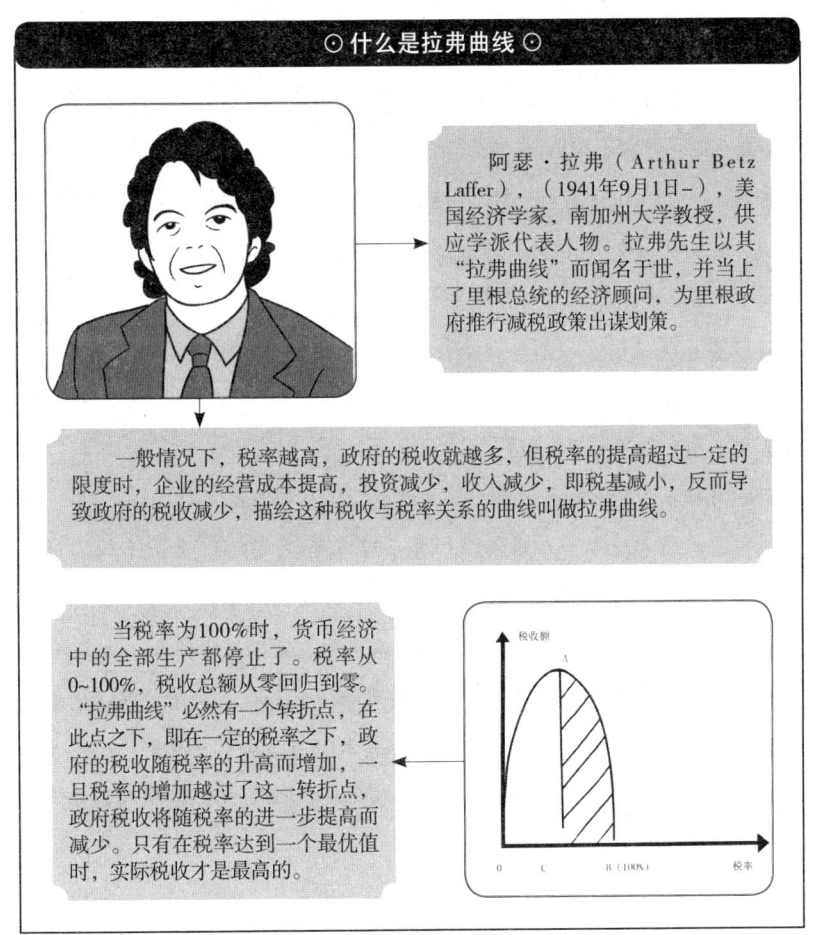

⊙什么是拉弗曲线⊙

阿瑟·拉弗（Arthur Betz Laffer），（1941年9月1日-），美国经济学家，南加州大学教授，供应学派代表人物。拉弗先生以其"拉弗曲线"而闻名于世，并当上了里根总统的经济顾问，为里根政府推行减税政策出谋划策。

一般情况下，税率越高，政府的税收就越多，但税率的提高超过一定的限度时，企业的经营成本提高，投资减少，收入减少，即税基减小，反而导致政府的税收减少，描绘这种税收与税率关系的曲线叫做拉弗曲线。

当税率为100%时，货币经济中的全部生产都停止了。税率从0~100%，税收总额从零回归到零。"拉弗曲线"必然有一个转折点，在此点之下，即在一定的税率之下，政府的税收随税率的升高而增加，一旦税率的增加越过了这一转折点，政府税收将随税率的进一步提高而减少。只有在税率达到一个最优值时，实际税收才是最高的。

人们常说"国富民强"，这也一直是国家和人民追求的状态。可是，藏富于国和藏富于民是一回事吗？它们会带来一样的结果吗？为什么负债累累的政府国民过得比较幸福，经济制度比较健全，能真正酿出民主、自由，发展科学带来全面繁荣；而有巨额财富，拥有强大外汇储备的政府反而不能给国民幸福感？为什么不是富有者更加具有民主法制？

"国富"和"民富"不是一回事吗？国家富起来了难道不等于国民富起来？人民富裕了对国家影响到底如何？

国富，就是财富都集中于国家。比如在战国时期，政治家商鞅鼓励农业生产，但是必须"家不积粟"。农民需要努力耕地种粮食，收成必须上交国家，不许自己私藏。出于商鞅的考虑，也许富有的人民不好管理，他们自己有实力可以和政府对抗，而贫穷的百姓则好管理得多，能解决他们的温饱即可。可是再想一想，多少农民起义不是因为赋税严重，苛捐严苛，如硕鼠害民？

民富，则是指财富归百姓所有，藏富于民。这种结果多因为国家轻赋税重发展而致。试想，国家如果不大力发展生产，财富无法生成。而即使有大量财富，如果都被征收税负，百姓依然没有财富可言。

到底藏富于国有利于发展，还是藏富于民有利于发展呢？

陈志武曾举这么一个事例，如果分两组国家，分别是公元1600年时国库丰盛的国家，如中国明朝、印度、土耳其以及日本等；另一组负债累累，比如像英国、意大利城邦、荷兰、西班牙、法国等。但是，从400年前直到19世纪、20世纪，当时负债累累的那组国家如今成为经济发达国家，且民主法制建设都很好；而另外一组除日本明治维新之后改变命运逐步发展并进入发达国家之外，那些"腰缠万贯"的国家反而都是现在的发展中国家，即使是富甲一方的中国也不例外。

如今，中国外汇储备空前，美国则向全世界借贷。中国人民的幸福感远远低于其他国家的人民。而美国，却成了众多大陆人眼望的幸福绿洲。是不是真的就是政府穷，民间富催化民主与法治？

从根本上说，国家的财富也是来源于民众的创造，是无数百姓将自己小份额的财产让渡给国家，才汇聚成国家的巨大财富。就好像一条大河，主干道充足的河水必定是由许多支流汇聚一起才得以形成的。小河里有水才能保证大河不干涸，而若大河抽干了所有小河里的水，大河离干涸的日子也不远了。

因此，可以说，民富是民主法治以及自由的基本条件。藏富于民，则政府有求于民，有求于完善的金融市场，政府必定要全力建设好才能够让人民心甘情愿让渡出财富。

⋯※ 金融出问题了，对我们有什么影响 ※⋯

⊙ 金融危机的影响 ⊙

金融危机对我们的生活有什么影响?

各行各业从业者失业

金融方面
>> 基金债券公司倒闭，投行关门。

实体经济方面
>> 企业融资困难，企业生产萎缩，社会产出减少，经济进一步萎靡。

现在市场不景气，投了可能收不回，再等等。

人的方面
>> 金融低迷，投资者对市场信心小，持续低迷，信心越来越弱，预期收益减少，投资需求减少，有效需求不足造成经济发展失衡，影响产出增长。

　　辛格夫妇都是工厂工人，如今退休在家，拿着养老金，日子闲适。一天在街上散步，听到很多人议论纷纷，说是金融危机来了，金融业许多公司倒闭，很多老板跳楼。两老一边唏嘘，一边高兴地说，我们虽然没什么钱，但这个时候我们比那些有钱人幸福。我们不投资，不买股票，没有债券，有点积蓄存银行里，多安全啊！当初不买基金，那个卖基金的小伙子还说咱们老顽固呢！这下是我们对了吧！

　　辛格夫妇说得到底对不对呢？是不是金融只对从事金融活动的人有影响，对普通老百姓没影响呢？金融出问题了，到底会带来哪些后果？

　　我们先回顾一下历史上人尽皆知的几次金融危机。1929年的经济大崩溃，大批银行倒闭，产品大量剩余积压，资本家们把成桶的牛奶倒入河里，企业纷纷破产，工人失业是普遍的现象，每天排队等候领取救济粮的失业工人不计其数。1997年的东南亚金融危机，自泰国货币危机开始，短短几个月内很快席卷整个东南亚，波及日本、韩国，并且不断向全球扩散。更近一点，2008年的美国金融危机，因次贷危机等起因波及整个金融领域以致几乎引起全球的经济危机。受此影响，国内股市大跌，股民损失惨重，散户从2007年短暂的股市春天里获利的日子成为历史上的记忆。就危机爆发的头几个月里广东省沿海许多出口加工型的企业都纷纷倒闭。更甚，对外贸的影响至今尚未恢复。这些虽然是国际性金融危机，但是也能波及国民个人，比如造成失业，股市暴跌，金融市场不稳定等。如果是国内金融出现问题，像解放前期国统区的通货膨胀，那种民不聊生的日子相信经历过的人都会永难忘记。

　　金融危机对我们生活的具体影响主要有以下几个方面。

　　第一，首先是金融系统层面。既然金融出现问题，那么首先受影响的就是金融系统。基金债券公司倒闭，投行关门，金融从业者失业。比如，2008年金融危机，让全球开始瞩目和震惊的就是雷曼兄弟破产，随后在同一天，美林证券被美国银行收购，接着美国保险集团AIG陷入也陷入危机，让许多人艳羡的华尔街金融从业人员顷刻间纷纷失业，并且相当一段时间内还很难找工作。除投行外，与民众联系更密切的银行也一样。如果银行倒闭，除银行工作人员失业以外，市民的存款皆付之一炬，如果把全部存款都放在银行，且是同一个银行，则风险更大。现在国际金融系统联系越来越紧密，在系统开放的条件下，任何一个国家出现问题都会影响到全球金融，就好像"美国打个喷嚏，全球可能就要感冒"的说法一样。

第二，对实体经济的影响。金融危机的爆发会使实体经济进入低迷状态。金融为什么会影响实体呢？工人在工厂加工，制造衣服、鞋子、帽子和金融有什么关系？是的，看上去似乎有点不可思议，一个西方国家的人贷款买房的问题居然让一个在东方国家工厂里工作的工人失业了，似乎是不可能关联上的两件事，但它们就是切实联系在一起的。这个联系其实不复杂，东方国家工人制造的衣服鞋帽需要卖给西方人，当西方发生经济危机时，那边的工人失业，购买力低，银行倒闭或者资金紧缩，那边的企业也就无法有贷款，企业也没能力继续购买我们的衣服、帽子。东方的工厂里成品卖不出去，无法接到订单，企业无法回收成本，工人工资难以为继，并且也不再需要工人干活，于是东方的工厂里工人也失业了。就从经济体内部讲，金融发生问题，企业融资势必就困难，并且有相当一部分企业本身会因在金融市场投资失利而导致企业进行的生产萎缩，社会产出减少；大量工人失业，收入减少，购买力进一步减少，有效需求减少，经济进一步萎靡；如果是全球性的问题，不仅国内需求减少，国际需求也逐渐减少。

第三，就是金融危机对金融以及实体经济的影响会逐渐渗透到对人身心的影响，也就是市场信心的问题。当金融低迷时，投资者对市场信心就弱，如果持续低迷，则信心越来越弱。如果金融问题影响到投资者信心，则预期收益就会减少，投资者宁愿观望也不愿投资，投资需求则减少，投资需求是有效需求的一部分，有效需求不足会造成经济发展失衡，影响产出增长。

　　任何一次金融危机，都会对经济带来不同程度的影响，并且都会造成经济增长放缓或者停滞。严重的金融危机还会引起金融秩序的变化，很可能需要重新建立金融秩序。

　　所以，金融出现问题了，不仅是国家经济增长和产出变化的问题，而是和我们每个人都息息相关。金融危机一旦发生，每一个人的日子都将变得艰难。所以国家需要建立起完善的金融系统，个人虽无法控制大环境，但是在理财和投资方面也要注意避免将所有资产投资在一个方面，避免把鸡蛋放在同一个篮子里，防止当发生危机时所有财产都会付之东流。

····❋ 懂点金融学常识，不做金融盲 ❋····

首先我们一起来做一个关于金融素质的小测试。

假设你要买台价值1 000英镑的新电脑，打算通过什么方式来买？你的选择如下：① 分期付款，每月支付100英镑，共偿还12个月；② 按20%的年利率贷款，也就是说一年后偿还1 200英镑；③ 前二个选项一样。这三种方法你会选择哪一个？

金融学教授、金融扫盲中心（Financial Literacy Center）主任安娜玛利亚·卢萨尔迪称，93%的美国人不能答对这题。（她还补充说，金融盲现象在国际上也很普遍。）即使比这还浅显的金融问题也会难住大多数人。

金融，看似高深，实则并不全然属于机构或专家行为。金融，看似抽象，实则并不超然于日常生活之上，换以"理财"表述，恰与普通民众有着切实关联。正因如此，2007年美国国会众议院以决议形式规定，把每年4月确定为"金融普及月"，或可称作为"金融扫盲月"。

目前，金融市场上形形色色的金融产品复杂程度已大大提高，而消费者认知的"复杂程度"却没跟上。"知识没有跟上现实世界的发展，"卢萨尔迪说，"关键词是'脱盲'。如果你是文盲，你就没有办法在社会中生存，金融学也一样，金融盲也没有办法生存。"

华盛顿大学（University of Washington）教授刘易斯·曼德尔（Lewis Mandell）发表的调查结果显示，金融教育对形式上的金融脱盲指标似乎没有任何影响——尽管令人困惑的是，它的确能够改善人们日后在生活中做出的金融决策。专家认为，美国次贷危机爆发的部分原因，在于个人作出非理性金融决定和采取非理性行动，金融扫盲或许有助于防范这类危机再次重演。

财务和经济涉及收入，通俗表述即为金钱。对金钱，普通美国人时下所持的普遍态度和认识，依照约翰·布赖恩特的描述，可以归结为："人人都想要它，却没有人懂得它。"为低收入者提供"动手能力，而非施舍"，无异于一场"银权运动"。布赖恩特说，在美国，"金钱是一项大禁忌，大家不会公开谈论它。这就是有人会以次级贷款形式举债的原因"。

次贷举债，一度让不少低收入阶层成员圆了住房梦，时下也让其中不少人面临无力支付高利率分期还款、房产可能遭放贷机构没收的困境。一些美国民众当初为购买住房而举借次贷时，按照布赖恩特的判断，并不了解分期还款额度会随着利率上升而增加，也不明白作为抵押物的房产在交易总额中所占比例相当低，因而需要承受超乎正常贷款项目的风险。

美国联邦储备局（以下简称美联储）发布一份调查报告，揭示一系列数据：

——全美国范围内，高中学生中，能对个人财务和经济问题提供正确答案者平均仅为48.3%；

——同一批接受调查的样本中，认为从出生至就读大学的18年间股票市场收益一般高于银行储蓄收益者仅为16.8%；

——依美国法律规定，如信用卡失窃、窃贼透支1 000美元，信用卡持有者即使通报信用卡发行商，依然可能分担至多50美元损失，却有将近53%的调查对象不知道此条例。能完整、准确作答者仅为13%。

这项调查每两年举行一次，迄今为第六次，所获结果不如2006年。两年前的调查中，能对个人财务和经济问题提供正确答案者平均为52.4%。

次级住房抵押贷款危机的恶劣影响波及整个美国和全球金融业，影响美国以至全球经济，看似需由政府"救市"和"埋单"，实际却最终将由纳税人、即普通民众付出代价。布赖恩特认为"排除（放贷机构）贪婪以及金融解释误导因素，"他告诉英国《经济学家》杂志记者，"这场危机的根源在于金融（知识）文盲，存在于广泛层面上。"正因如此，次贷危机之下，金融扫盲尤为必要。

美联储主席本·伯南克曾经在美国首都华盛顿联邦储备委员会大楼内

发表讲话，提及向年轻一代普及金融知识的意义。"我们国家的年轻人作好金融知识准备，"伯南克说，"对（改善）他们自身的福利而言必不可少，而对（维护）我们大家的经济前景而言则至关重要。"

他强调，"次级抵押贷款市场出现严重问题，提醒大家意识到，个人从年轻时就熟悉金融知识是何等重要……他们可以更好地作出抉择，纵然金融市场日益复杂，也会有能力驾驭自如"。

美国人的消费信贷债务截至2006年累计达到2.4万亿美元，其中信用卡债务为8 250亿美元。更令人吃惊、也常被学者引为全球经济失衡原因之一的数据是：美国人储蓄所占收入的比例2006年为-1%，创下自20世纪30年代美国经济"大萧条"以来的储蓄率最低纪录。

财务管理技能必不可少，金融扫盲，并非次贷危机爆发之后提出的课题。2007年3月27日，美国国会众议院议员、民主党人鲁宾·伊诺霍萨正式递交一项决议案，提议设立"金融普及月"。这项决议案当时获得119名众议员附议支持。2007年4月17日，众议院全体成员投票表决，以超过三分之二多数通过这项决议，把每年4月确定为"金融普及月"，以推动金融知识普及。决议文本写道："个人财务知识对确保个人管理现金、信贷和债务以及成为富有责任感的员工、一家之长、投资者、创业者、企业领导人和公民而言必不可少。"至于推广金融教育的针对性，决议文本写道："个人财务管理技能和终身习惯形成于儿童时代"。

经济的繁荣离不开金融的发展，而金融的发展则离不开人们对金融的消费。但目前我国有诸多的"金融消费者"对金融这份"套餐"知之甚少或一无所知，搞不清自己拥有诸如"金融获知权""金融消费自由权""金融消费公平交易权""金融资产保密权"等权利，弄不懂自己在消费过程中应知、应会的金融法规常识。由于金融知识的不普及，近几年来犯罪分子利用假存单、假支票、假货币等形式大肆进行金融诈骗活动，金融案件频繁发生。2000年，我国因金融案件而导致的直接损失高达近10亿元，比1999年翻了一番多。而这一切无不缘于在"金融消费者"中存在的"金融盲区"。2001年6月，我国河南省某县金融系统在"金融宣传月"活动中，印发600份货币知识问卷，选择300名农民和300名城镇居民问卷调查，结果表明，对流通几十年的人民币符号、尺寸、防伪标志等简单知识基本掌握的城镇居民占25%，农民仅有10%，掌握货币形态等知识的城乡居民不足5%。在同时进行的居民假币识别能力调查中，有15%的城乡居民略懂一些反假币知识，对反假币知识一无所知的城乡居民高达85%。

历史上许多次的金融危机都源于民众对金融的盲目，使得最初是金融危机，之后变成经济危机，最后成为了信任危机。实际上经济危机，是一种价值观念的危机。如果民众不掌握金融常识，全球危机只会雪上加霜，所以"金融扫盲"迫在眉睫。

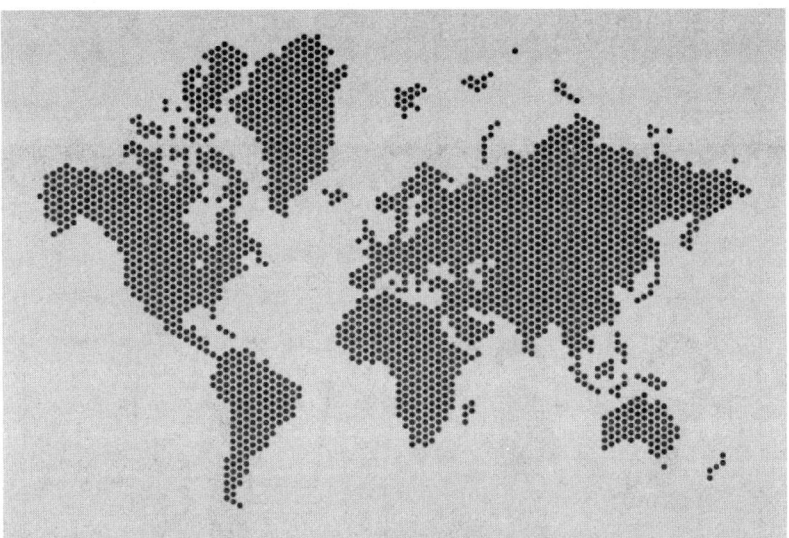

Chapter 2

金融如何改变了我们的生活
——为什么要学习金融学

…※ 我们的财富去哪里了——个人的"资产流失" ※…

"新财富500富人榜"于2003年首度发布，作为中国本土第一份也是唯一的一份富人排名，是透视中国民营企业发展的最佳窗口。2015年已是第十三度推出的"新财富500富人榜"，跟往届相比，2015"新财富500富人榜"（见表1）有哪些新变化呢？

表1 2015"新财富500富人榜"各项财富指标创历史新高

年份	财富总额（亿元）	人均财富（亿元）	上榜门槛（亿元）	百亿级富人数
2003年	3 031	7.6	2	0
2004年	5 001.9	10	2.4	0
2005年	5 950	11.9	3.5	2
2006年	7 465	14.9	4.5	3
2007年	12 800.2	25.6	8	15
2008年	26 027	52.1	13.5	53
2009年	16 285.6	32.6	13.4	17
2010年	28 756.5	57.5	19.2	68
2011年	37 657.4	75.3	28.7	90
2012年	30 921	61.8	21.8	68
2013年	35 786.6	71.6	30	87
2014年	44 986.9	90	38	120
2015年	56 557.4	113.1	40	161

（以上文图来源：新浪财经、《新财富》）

1.上榜门槛已达到40亿，上榜者的平均财富首次突破百亿元

2014年，中国GDP增速降至7.4%，创24年新低。但是2015年新财富500富人榜的各项财富指标创出新高。新财富500富人榜此前从未有过财富突破千亿级的富人，而今年身家过千亿元的富人达到4位，他们的财富有的受益于旗下资产上市，有的则因为旗下上市公司股价上涨。

2. A股告别连续数年"熊冠全球"的尴尬，成财富增长第一推动力

在度过长达6年的大熊市后，A股迎来了一波久违的波澜壮阔的大行情。2014年全年，上证综指上涨52.87%，深证成指上涨35.62%，A股告别了连续数年"熊冠全球"的尴尬，跃居2014年全球最"牛"市场。这一波牛市行情直接提升了上榜富人的财富数字。

3. 互联网造富能力首屈一指：榜单前10位当中，5位来自互联网行业

今年资产过千亿的4位富人中，有两位来自互联网行业。他们是持有阿里巴巴7.8%股权的马云，以及腾讯的马化腾。跻身前十名的富人中，有5位来自互联网行业，占了半壁江山，京东的刘强东、小米的雷军今年均杀入前十。

事实上，不只传统意义上的互联网企业受到青睐，与之配套的产业链富人同样获益。今年财富成长最快富人即是顺丰速运的王卫，电商的兴旺带动了物流业的高成长，顺丰速运在最近一轮融资中的估值提升，带动王卫的财富一年增长2.5倍，达到250亿元。

有些人能够守得住自己的财富，有些人却失败了。《福布斯》杂志从1982年公布"福布斯400"富豪排行榜以来，到今天，只有50位富豪依然榜上有名，也就是说高达87%的富豪富不过一代，甚至像流星一样一闪而过。

就像网络泡沫的蒸发，他们的钱也是在不知不觉中被蒸发掉了。想当初，他们的财产也是经过千辛万苦一点一点积累起来的，应该说他们很善于投资理财，但是为什么最后却坠落？《福布斯》杂志的调查显示，除因为投资失败带来的财产蒸发，多数失败者并没有在生活上时刻注意，他们的钱时刻被一些昂贵的奢侈品、交付巨额物业管理费用、转移财产，被爱人或情人侵蚀了。

当大家在拼命攒钱的时候，你是否曾想过，自己辛辛苦苦积累下来的

资产，正在被其他东西无声无息地侵蚀掉？这种你在拼命赚钱，但不断被扯后腿亏钱的感觉实在很不爽。一提到"资产流失"这几个字眼，人们首先想到的是国有资产的流失。其实，在生活中，一不小心，你的资产便会不知不觉地流失。想让个人财务正常运转，就从找出财务漏洞开始吧！个人因为财务漏洞导致的资产流失的主要问题集中在下面几个领域。

1. 储蓄流失增值机会

如果你每年的花销超过了个人资产的7%，那么20年后，你花光所有钱的可能性高达80%，原因很简单，就是"通货膨胀"。很多人经常有意无意地忽略"通货膨胀"的因素，其实"通货膨胀"是财产的强腐蚀剂。20年后，由于"通货膨胀"的因素，人们手中的钱将贬值20%，这还算是乐观的估计。

因此我们提倡"适度"储蓄，过度储蓄将可能使财产增值机遇流失。经济专家有观点以认，中国人的9万亿储蓄存款，假如相对于同期的国债之间1%左右的利息差（斟酌到存款的本金税和国债的免税因素），那么中国人将会在每年流失掉900亿左右的资本增值的潜在获利机会。

对大多数人来说，避免这类散失最好的办法是将银行储蓄转为同期的各类债券就可以了。从目前来看，不仅有交易所市场还有银行柜台市场都能够很便利地实现这类交易，而且流动性也很强。在国人的传统观念中认为应该尽力地辛劳工作、节约节俭、储蓄和爱护财富，但咱们不应该只是"擅长"储蓄，还应当"善待"储蓄，合理的储蓄才能将财富发挥到最大价值。

2. 过度和不当消费

消费的原因多种多样，很多时候你逛完商场时手里拎着的大包小包，回家一看却发现，有些东西其实不买也是可以。这就是所谓的"过度"与"不当"的消费。它们也会让资产无形流失。所以，花钱买的是什么，一定要想清楚。

过度消费可以分解为"情绪化"消费或"冲动性"消费。例如，看到打折商品就兴奋不已，在商场里泡上半天，拎出一大包便宜的商品，看似得了便宜，实际上买了很多并不需要或者暂时不需要的东西，纯属额外开支。特别是在对大件消费品上，比如楼盘、汽车、高档家电，往往还会"过度"消费，这样不仅造成家庭财政的沉重负担，且会导致家庭资产隐性流失。

不当消费指为了"面子"的消费而不是需求的消费。在消费上总喜欢与别人攀比，人家能花的我也要花，不论有没有必要。

3. 理财观念薄弱

中国家庭的活期储蓄太多，这让银行或其他金融机构白吃了大把大把的息差，其实只有稍加运作就能有效地减少利息损失。对单个家庭来说"不当"储蓄的损失可能十分微弱，但由于基数的宏大，中国家庭因此而流失的资产是个天文数字，就仅对单个家庭来说随着时间的流逝，其累计流失也是无比巨大的。资产流失很多时候都不显山露水，但只要稍一放松就可能失去大量资产，要不断地强化理财意识才能成功积累财富。

不注意平日里的财富漏洞，即使你是富翁也不外乎沦落到穷人的下场。何况作为平凡人的我们本来就没有在他们还是富翁时拥有的巨额财产，就更应该提防财富漏洞，将财产的流失防患于未然。

⋯❈ 流动性过剩——钱多了也会惹麻烦 ❈⋯

流动性过剩通俗地讲就是钱太多了，乍一听，是件好事，钱多了还不好吗？俗话说，物极必反，金钱也是一个道理，虽然有钱是好事，但是太多了，也会带来危机。比如说现在市场上只有价值10元的商品，按道理国家只发10元的钞票就足够了，但是现在因为种种原因，市场上有20元的钞票，如果大家用这20元买了10元的东西，结果原本值10元的东西就价值20元了。

通常意义的"流动性（Liquidity）"指整个宏观经济的流动性，即在经济体系中货币的投放量的多少。流动性过剩一词，是指市场上的钱太多，大大超过了长期资本的数量，至于多到多少才算"过剩"，似乎并无统一的定论。

现在研究者对"流动性过剩"的识别，大多是从结果和原因来判断："流动性过剩"的结果是资产市场泡沫严重，具体说就是股价、房价虚高；"流动性过剩"的原因一般则归结为货币升值预期下的外汇涌入，为控制汇价导致央行大量投放货币，从而形成"流动性过剩"。

造成目前流动性过剩的根源来自于中国不断推升的贸易顺差（Foreign Trade Surplus），出口企业不断把收回的美元兑换给国家，国家就得不断向经济体系投放人民币，这就造成了流动性过剩的现象。"流动性过剩"有时被称为"资金周转过渡"。

无论是在中国还是其他国家，由于贫富差距的扩大，富人获得社会财富的比重将更高一层，而穷人则只能获得"做大的蛋糕的更小份额"，而富人的消费倾向很低（因为相对穷人，该买的都买了），让富人获得了更多蛋糕，他们却不会拿来消费。为了追求保值增值，他们只好将资金投向资本市场。根据上面的论述，这会使得投资增长速度大于消费速度，最终会形成全社会性的生产过剩，也就是我们所熟悉的经济萧条或者"经济危机"。提起2007年的全球性金融危机，大家应该都深有感触，而这场危机的源头，正是流动性过剩。

当前，流动性过剩已经成为中国经济乃至全球经济的一个重要特征。流动性过剩可由多个原因导致。一方面包括了中央银行实行扩张性货币政策（一般手段包括调降准备金率和利率，回购国债以放入资金到市场），经济周期的变化，汇率制度的缺陷，热钱（又称投机性短期资金）大量涌入等。这些因素皆可大大提高资金流动性，当流动过度时，便会引起流动性过剩。另一方面，流动性过剩也可理解为伴随通货膨胀或者源于通货膨胀，即部分引起通货膨胀的因素也可能引起流动性过剩。

目前，我国银行体系中存在的流动性过剩是国内外多种因素共同作用的结果。从内部因素来看，有经济结构不平衡、储蓄和投资倾向强于消费倾向等。储蓄投资缺口，造成了贸易顺差和外汇储备的急剧增长。按目前的外汇管理制度，我国的外汇收入必须结售给中国人民银行，而央行为收购外汇必须增加货币发行。与此相关的是，贸易顺差的大量增加，人民币升值预期加大，国外资本的流入显著增加。

2006年末，我国外汇储备达到了10 663亿美元。而央行为收购这些外汇储备就需要发行货币超过8万亿元，这是我国流动性过剩的主要内部原因。从外部原因来看，美国"9·11"事件以后，全球各主要经济体一度普遍实行低利率政策，导致各主要货币的流动性急剧增长，出现了全球流动性过剩。在全球经济失衡的诱导下，大量资金从美国流入以中国为代表的亚洲新兴经济体，这是造成目前我国流动性过剩的主要外部原因。

流动性过剩，已经成为经济金融体系稳健运行的隐患，是影响金融稳定的核心因素。经济过热、通货膨胀、股市波动，这些都与流动性过剩密切相关。

1. 经济过热

中国经济的持续增长，使得外商投资不断加大，再加上长期以来的贸易顺差，大量资金通过各种途径进入中国，客观上加剧了中国的流动性过剩。而这些多余的资金，必然要寻找投资出路，于是就出现了经济过热的现象。

所谓经济过热，是指经济的发展速度与资源供给不成比例。当经济的发展速度高于资源的承受能力时，就会出现原材料因供给不足而产生的物价上涨，可以理解为商业投资加大导致了商品生产增多，从而使得生产商品的资源供货短缺，并带来原料资源的物价上涨，也就使生产成本提高，这样一来，成本的提高自然也就带来物价的全面上涨。同时，在一定时期内，如果社会的需求总量不变，长时间的生产过剩，商品卖不出，投资没有回报，就会产生经济危机。

2. 通货膨胀

20世纪80年代末，日本股票价格和不动产价格急剧上升，但物价指数却相当平稳，因而没有提高利率，紧缩银根。泡沫破裂后，日本陷入战后最严重的经济危机，资本市场的过度发展激活了处于冬眠状态的沉积货币，暂时退出流通的货币也重返流通领域去追逐商品，从而导致通货膨胀。所以，流动性过剩是通货膨胀的前兆，从流动性过剩到通货膨胀只有一步之遥。

流动性过剩不仅能够造成国家的经济危机，甚至能够引发全球金融危机，这一点，美国次贷危机就是一个很好的例子。

3. 股市波动

在股票市场，我们提到流动性就整个市场而言是指参与交易资金相对于股票供给的多少，这里的资金包括场内资金，即已购买了股票的资金，也就是总流通市值，以及场外资金，就是还在股票账户里准备随时入场的资金。如果在股票供给不变或交易资金增长速度快于股票供给增长速度的情况下，即便公司盈利不变，也会导致股价上涨，反之亦然，这是很简单的需求供给关系。但这种股价上涨是有限度的，受过多或叫过剩的资金追捧导致股价过度上涨而没有业绩支撑，终难持久，这种资金就是我们常说的热钱。

针对股票投资的个股而言，流动性是指股票买卖活动的难易，也就是说我买了这只股票后是否容易卖出，我们常说这只股票流动性很差，就是指很难按理想价格卖出，所以流动性差的股票多是小盘股或高度控盘的股票，是不适合大资金运作的，即便买完之后股价涨上去了，但卖不掉。对于大资金风险更大，所以他们更愿意在流动性很好的大盘股里运作，那里交投活跃，大量买卖也不会引起股价明显变动。不过中小投资者就自由很多了，由于资金量少，可以有很多选择。

货币实质上是中央银行代替社会发行的一部分人对另一部分人的负债。信用货币表明了一种债权债务关系，而流通纸币则实际上是一种特殊形式的债券。当存在流动性过剩时，货币与其他商品实现交易的速度大大加快了。这表明，持有货币的债权人希望尽快把货币与其他商品交换，实现自己的债权。由于所有的债权人都希望用货币换回其他商品，货币就出现了贬值的压力。货币流通速度越快，则货币贬值压力越大。这时，如果货币持有人手中的债券无法得到等值的偿还，就会发生抢购风潮，物价飞涨，整个社会就会发生通货膨胀。

····※ 农副产品"疯涨"背后的甲流金融学 ※····

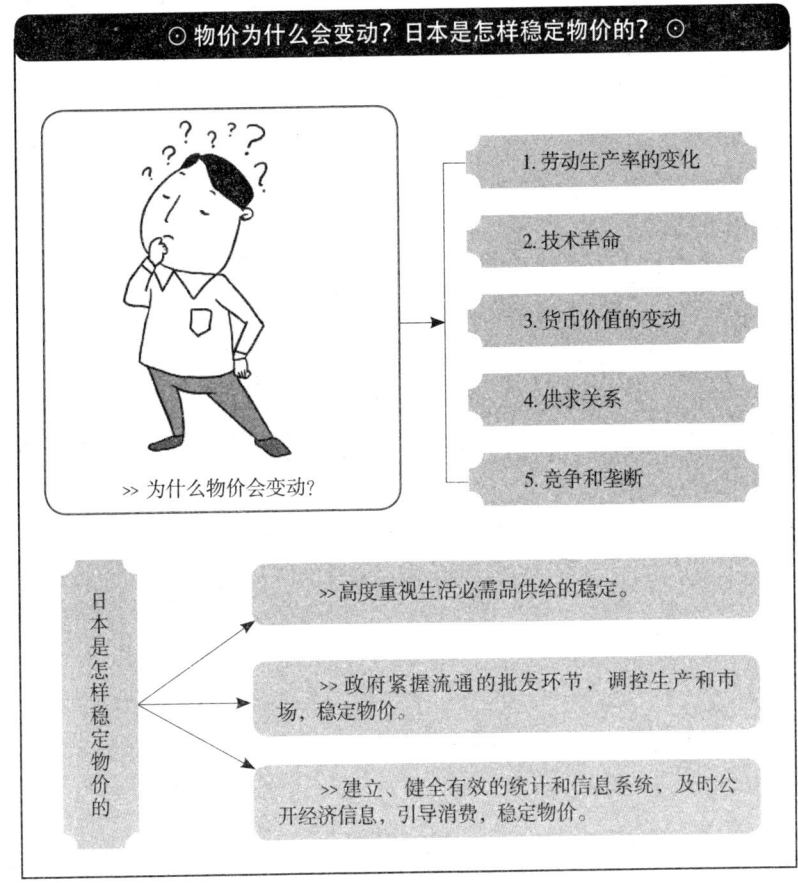

⊙ 物价为什么会变动？日本是怎样稳定物价的？⊙

>> 为什么物价会变动？

1. 劳动生产率的变化

2. 技术革命

3. 货币价值的变动

4. 供求关系

5. 竞争和垄断

日本是怎样稳定物价的

>> 高度重视生活必需品供给的稳定。

>> 政府紧握流通的批发环节，调控生产和市场，稳定物价。

>> 建立、健全有效的统计和信息系统，及时公开经济信息，引导消费，稳定物价。

　　继"蒜你狠""豆你玩""姜一军""苹什么""糖高宗"之后，"盐王爷"终于来了。由于2011年3月11日日本本州岛海域地震，所谓的碘盐抢购影响，盐价开始飙升，流行语"盐王爷"出炉。

"今天你头盐了吗？""涨到5元一包了""货架空了？！"……在路上、在超市里时不时能听到关于诸如此类的买盐对话；而在网络上也诞生了诸如"盐如玉""盐王爷"的热词。2011年3月15日，因为日本核电站泄漏事故，有谣言称日本核辐射会污染海水导致以后生产的盐都无法食用，而且吃含碘的食用盐可防核辐射，因此引起一些市民疯狂抢购食盐。

无独有偶，从2009年起，大蒜批发价格从4月份的每公斤0.2元，到5月份的每公斤0.3元，到6月份的每公斤1元，到8月份的每公斤2.5元，再到12月份的每公斤4元，直至2010年年初的每公斤19元，一路猛涨。

以前去小饭馆吃顿饭，大蒜可以免费吃，东西不值钱，可现在最起码得要一块钱一个了，最贵时大蒜的价格已经飙升到每公斤19元，于是有网友就送给了大蒜一个外号叫"蒜你狠"。同样表现不俗的还有"豆你玩"的绿豆等，它们带来的是新一轮的农产品涨价。平时"老实巴交"的农产品领域，为何一改往日的淳朴形象，同时走上了"疯涨"的道路？

这还得从2009年3月出现的甲型HINI流感疫情说起。那时，国内就盛传大蒜具有预防甲型流感的功效，甚至有媒体称美国专家也把大蒜列为九大消毒蔬菜之首。虽然其间有政府和专家出面解释：大蒜的抗甲流作用并未有临床证明，也没有科学依据。但是这期间，不单是中国，国际上也出现了"一蒜难求"的局面，多个国家开始加大大蒜进口力度，其中日本、韩国以及东南亚国家，大量从中国采购大蒜，使得中国的大蒜出口量大幅增加。

究竟是什么原因造成了我们日常生活的必需品如此疯狂涨价的局面？

物价变动是指商品或劳务的价格不同于它们以前在同一市场上的价格。物价是商品或劳务在市场上的交换价格，有输入价格和输出价格两种：输入价格是为生产或销售目的而取得商品或劳务的价格；输出价格是作为产品销售的商品或劳务的价格。企业按某一输入价格购买一项商品，再按较高的输出价格售给客户，这种情况不能视为该项商品的价格发生了变动，只有输入价格或输出价格同时增高或降低，才算物价发生了变动。

物价变动的原因，一般说来有以下几个主要方面：劳动生产率的变化。某种商品生产率普遍提高，该种商品的价格就会下跌；反之，如果劳动生产率普遍降低，则价格就会相应上涨。①技术革命。技术进步，一方面使有关产品中凝结的人类复杂劳动增多，从而导致其价值增加，价格上涨；另一方面，使原有产品的经济效能相对降低，价值受贬，价格下跌。②货币价值的变动。货币所表现的价值是商品的相对价值，即商品价值量同时发生等方面等比例的变动，商品的价格不变。但如果二者任何一方的价值单独发生变动，都会引起价格的涨跌。如果货币价值不变而商品价值提高，或者商品价值不变而货币价值降低，商品价格就会上涨。反之，如果货币价值不变而商品价值降低，或者商品价值不变而货币价值提高，商品价格就会下跌。③供求关系。在市场经济条件下，商品价格在很大程度上受供求情况的影响。当商品供不应求时，价格就会上涨；反之，当商品供过于求时，价格就会下跌。④竞争和垄断。竞争引起资本在各生产部门之间的转移，促使商品的价格发生变动，通常为价格下跌。垄断引起商品价格的操纵，使物价发生变动，通常为价格上涨。

物价问题涉及民生、关系全局、影响稳定。防止物价过度变动，保持物价平稳，已经成为稳定人心、稳定社会的第一要素。确保物价平稳，尤其避免物价暴涨，不仅是重大民生，而且是当今最大的政治问题。

⋯※ 怎样衡量通货膨胀带来的痛苦 ※⋯

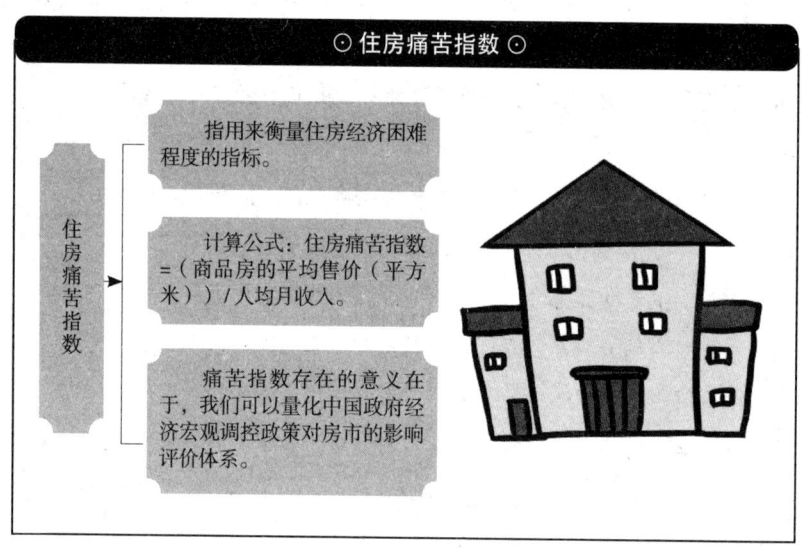

⊙ 住房痛苦指数 ⊙

住房痛苦指数

- 指用来衡量住房经济困难程度的指标。

- 计算公式：住房痛苦指数=（商品房的平均售价（平方米））／人均月收入。

- 痛苦指数存在的意义在于，我们可以量化中国政府经济宏观调控政策对房市的影响评价体系。

　　绝育黄瓜，自杀西瓜，染色馒头，最近有关食品安全的新闻不断跃入我们的眼球，俗话说："民以食为天"，现在我们连吃得安全都保证不了，别的又从何说起呢？

　　曾经有人用一个顺口溜来描述生活中的痛苦：早上醒来，用二甘醇超标的田七牙膏刷刷牙，再用发臭的蓝藻水洗脸，给孩子冲一杯添加了三聚氰胺和激素的牛奶，自己喝黑作坊的豆浆，吃根地沟油炸的油条外加一个苏丹红咸蛋。中午，和同事到餐厅吃饭，点盘避孕药催大的香辣鳝鱼，敌敌畏喷过的小白菜，盛碗陈化粮的毒米饭。晚上，回家蒸盘有瘦肉精的死猪肉，抓个加漂白粉的馒头。要睡觉的时候，被刚装修完的甲醛呛得眼泪直流，只好把脑袋蒙到黑心棉被里，想到房子还有40万贷款加利息，辗转反侧到天半亮也没睡着，找安眠药吃了半瓶也没用，含在嘴里，哦，还好是糯米粉……

　　当然，这些只是生活中偶然才会遇到的，属于小概率事件，只能用于调侃生活，然而，在经济学上确实有"痛苦指数"一说，也早已经有人研究过。"痛苦指数"现身于20世纪70年代，它代表令人不快的经济状况，等于通货膨胀率与失业率之总和。其公式为：痛苦指数＝通货膨胀百分比+失业率百分比，表示一般大众对相同升幅的通货膨胀率与失业率感受到相同程度的不愉快。现代经济学家不同意以完全负面的"痛苦"一词来形容上述由于通货膨胀导致的负面冲击。实际上，经济学家中有许多认为公众对温和通货膨胀的成见是来自其相互影响：群众只记得在高通货膨胀时期相关的经济困难状况。

　　有实证研究表明，公众对于通货膨胀的忍受力是失业的1.6倍，因此有人提出"痛苦指数"的公式应该为：痛苦指数=（通货膨胀百分比/1.6）＋失业率百分比。而随着房价的一路飙升，住房已经成为生存的头等大事，而"住房痛苦指数"也就成为更贴近我们生活的"痛苦指数"。

　　"住房痛苦指数"指用来衡量住房经济困难程度的指标，计算公式为：商品房的平均售价（平方米）÷人均月收入＝住房痛苦指数。从此计算公式可以很直观地看出，"住房痛苦指数"与中国商品房的平均售价成正比,与中国的人均年收入成反比。中国商品房的平均售价越高，则住房痛苦指数值就越大，而中国的人均年收入越高，则"住房痛苦指数"值越小。

　　有人认为中国的房价应该高，因为与外国相比，中国人多地少，土地短缺。那么我们拿人口密度高于中国的国家英国为例进行比较。英国的人口密度远远高于中国，为每平方公里247人，是中国人口密度的170%。中国平均的人口密度是每平方公里132人。这是一个并不高的，甚至是中等偏低的人口密度。因此，如果英国的"住房痛苦指数"大大高出中国的"住房痛苦指数"，是不足为怪的。而英国2003年的房价，普通地区为200英镑/平方米（约合388美元/平方米），伦敦地区的房价要贵一些，约合400～600英镑/平方米。一处480平方米的房产售价为17万英镑，因此，英国的一般地区普通住宅售价约合3 000～4 000元人民币/平方米；伦敦地区约6 000～10 000元人民币/平方米，或均价1 000美元/平方米。2003年英国人的人均收入为28330美元，以此换算，月收入为2 362美元。如此算来：英国人的"住房痛苦指数"＝388美元/平方米÷2 362元美元＝0.16这个数字说明，一个普通英国人的月均收入可以买到6.22平方米的商品房，而中国人三个月的月均收入还买不到1平方米的商品房，两者相差近20倍。

当"住房痛苦指数"被应用于房地产市场的研究时，原本庞大而复杂的数字迷阵就变得简洁而清晰了。研究痛苦指数像交给人们的一把尺子，简单易懂，谁都会用，谁都能很容易很准确地，对房地产市场做出一个客观的判断。那么痛苦指数究竟应该如何计算呐？

以2006年5月为例，全国商品住宅平均销售价格为3 199元平方米，2006年上半年城镇居民人均可支配收入为5 997元（以上数字均来自国家统计局公报），因其为"上半年"，所以应乘以2，即为11 197元。以此为基数除以12，可以算出月收入为933元，于是2006年5月"百姓住房痛苦指数"即为：百姓住房痛苦指数＝3 199元÷933元＝3.43。

而这个数字是一个变数，既可纵向比较，也可以横向比较。我们先来作纵向的比较。

例如，在2005年，城镇居民人均年可支配收入为10 493元，以此为基数，除以12，可以算出月收入为874元，2005年全国平均房为2 820元平方米。于是，2005年的"住房痛苦指数"即为：住房痛苦指数＝2 820元÷874元＝3.22。

如此看来，2006年5月"住房痛苦指数"比2005年大幅上升了0.21。它清楚地显示了这一时期的对楼市宏观调控失灵，"住房痛苦指数"支持国家采取进一步的、更有效的调控措施和金融政策。

痛苦指数存在的意义在于，我们可以量化中国政府经济宏观调控政策对房市的影响评价体系，免得不同利益集团的人从自己的私利出发随意评说，让人对中国房地产的运行状况莫衷一是，一头雾水。这个指数还可以分解成全国各地的"住房痛苦指数"。各地会有很大差异。它与简单的商品房价格上涨指数相比，在表达对不同城市适宜居住程度上更直观，更准确，有更强大的可比性。当我们将"住房痛苦指数"作为一种人文指数，引入对中国房市的观察和度量时，你会立即发现，它居然是我们一直在苦苦寻找的那架金色的天平，是观察和度量中国房地产市场运行状况的"第一量具"的衡量器。

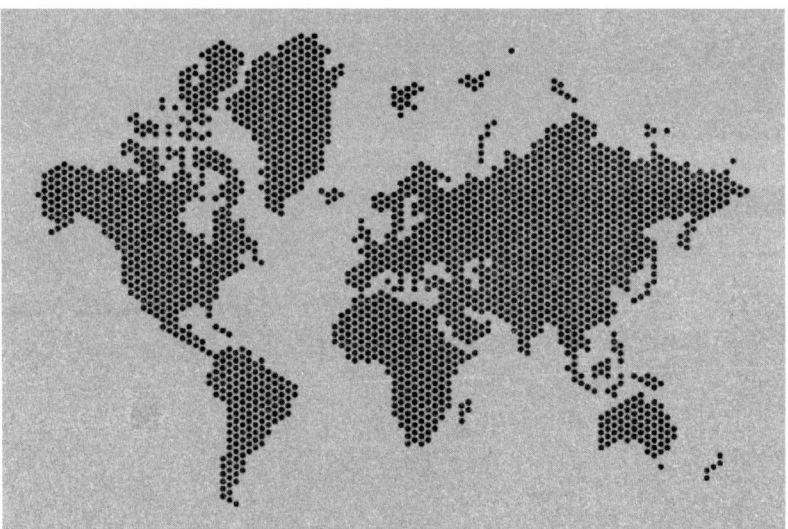

Chapter 3

大家都在讲的 CPI 是什么
——每天学点金融学名词

…※ 这年头没有人讲中文了，都讲CPI ※…

⊙ 你可以跑不赢刘翔，但一定要跑赢CPI ⊙

CPI是消费者物价指数的英文缩写，是反映与居民生活有关的产品及劳务价格统计出来的物价变动指标，通常作为衡量通货膨胀水平的重要指标。

如何才能跑赢CPI

大多数理财专家提出的建设性意见，他们的策略主要有以下几种：

个人

一份好工作

实物保值法

方法 债券等理财 股票、基金、

国家

CPI 调控

国际局势

国家宏观调控

工资上涨能跑赢CPI吗？

物价

工资

物价在涨，工资也在涨，谁跑得更快？虽然多数城市工资总额在提升，但是扣除物价上涨等因素后，实际上多数城市工资呈下降趋势。

有人曾经列举了30年前的1元钱与现在的1元钱之间的区别：

30年前，1元钱能做什么？

交一个孩子0.6个学期的学杂费（一个学期1.6元），或治疗一次感冒发烧（含打针），或买20个雪糕，或买7斤大米，或买50斤番茄，或买20斤小白菜，或买20个鸡蛋，或到电影院看5次电影，乘20次公交车。

现在的某个不特定时间点，1元能够做什么？

乘公交车1次（非空调车），或买2个鸡蛋，或买0.5斤小白菜，或买0.8斤番茄，或买0.7斤大米，或看病挂号1次（最便宜的门诊），或缴纳小孩学杂费的1/800，或看0.05次电影。

为什么我们会有如此巨大的差异，简单地说，是由于物价（CPI）上涨了，钱不值钱了，所以1块钱买的东西会越来越少了。

经济危机之后，普通居民对物价的感觉是更贵了，CPI恐怕是大家谈论最多的经济词汇了。对于普通老百姓而言，大家对CPI的关注归根结底还是对日常生活所需品的价格变化的关注，比如说猪肉的价格变化、面粉的价格变化、蔬菜的价格变化。那么CPI能如实地反映出老百姓最关心的日常生活费用的增长吗？

我们先来了解一下到底什么是CPI。

CPI是居民消费物价指数（Consumer Price Index）的英文缩写。我国的CPI指数是按食品、烟酒及用品、衣着、家庭设备用品及服务、医疗保健及个人用品、交通和通信、娱乐教育文化用品及服务、居住这八大类来计算的。这八大类的权重总和加起来是100。其中，食品占比重最大，包括：粮食、肉禽及其制品、蛋、水产品、鲜菜、鲜果。

在每一类消费品中选出一个代表品，比如，大多数人是吃米还是吃面，是穿皮鞋还是穿布鞋等。国家统计局选出一定数量的代表品，把这些代表品的物价按每一月、每一季、每一年折算成物价指数，定期向社会公布，就是我们所说的官方的CPI指数。

CPI就是反映市场物价的一个最基本的术语。在中国现实的社会中，物价是和柴米油盐、家长里短息息相关的，物价成为国家高度关注的问题。CPI是反映与居民生活有关的产品及劳务价格统计出来的物价变动指标，通常作为衡量通货膨胀水平的重要指标。

如果消费者物价指数升幅过大，表明通货膨胀已经成为经济不稳定因素，央行会有紧缩货币政策和财政政策的风险，从而造成经济前景不明

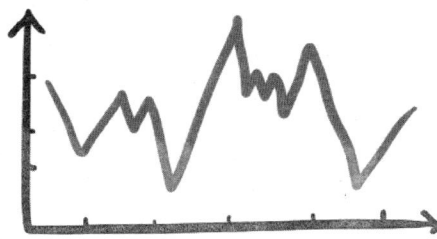

⊙ 消费者物价指数——CPI ⊙

≫CPI是居民消费价格指数（Consumer Price Index）的简称。居民消费价格指数，是一个反映居民家庭一般所购买的消费商品和服务价格水平变动情况的宏观经济指标。它是度量一组代表性消费商品及服务项目的价格水平随时间变化而变动的相对数，是用来反映居民家庭购买消费商品及服务的价格水平的变动情况。

≫CPI=（一组固定商品按当期价格计算的价值/一组固定商品按基期价格计算的价值）×100%。

≫CPI基本功能：度量通货膨胀，国民经济核算，契约指数化调整，反映货币购买力变动，反应对职工实际工资的影响，对股市的影响。

朗。一般说来，当CPI>3%的增幅时，我们把它称通货膨胀；而当CPI>5%的增幅时，我们把它称为严重的通货膨胀。鉴于以上原因，该指数过高的升幅往往不被市场欢迎。例如，某一年，消费者物价指数上升2.5%，则表示你的生活成本比上一年平均上升2.5%。当生活成本提高，你拥有的金钱价值便随之下降。也就意味着一年前面值100元的纸币，现在只能买到价值97.5元的货品及服务。

物价指数计算的基本方法，是以计算期各种商品的价格乘以计算期各种商品的销售量，再除以基期各种商品的价格乘以基期各种商品的销售量。即：CPI=（一组固定商品按当期价格计算的价值）/（一组固定商品按基期价格计算的价值）×100%。

编制物价指数的目的，是为国家分析物价变动对国民经济与人民生活的影响，从而制定有关物价宏观调控政策，加强物价管理提供依据。同时，也为企业作出相应的经济决策提供依据。物价上涨，有可能是由以下几种原因造成的。

1. 市场的波动

市场的格局发生了一些变化，导致某一种商品或者很多商品的价格上涨。

最明显的例子是石油价格上涨。比如，由于伊拉克打仗，或者伊朗的形势紧张，导致市场参与者预期石油的供应可能会紧张，这会推动石油价格上涨。但是，这种上涨跟通货膨胀没有关系。

2. 价格的自由波动

这种涨跌恰恰就是市场机制在发挥作用。在计划经济条件下经常出现商品长期短缺，但在市场机制下，如果一种商品短缺，价格就会上涨，很快就会有很多企业去生产这些商品，短缺也就不存在了。因此，由于市场格局变化引起的物价上涨，实际上是市场启动了自己校正自己的一个过程，这个过程就可以驱动资源的重新配置。市场进行资源的有效配置，就是通过价格信号进行的。把这种物价上涨当作通货膨胀而对它进行调控，结果就是市场重新配置资源的机制被打断，只能扰乱市场秩序。

3.通货膨胀型物价上涨

奥地利学派认为，通货膨胀是一种货币现象，通货膨胀就是由于货币供应量持续地、过快地增长，导致物价上涨。在奥地利学派看来，通货膨胀型物价上涨不一定是物价的普遍上涨。在通货膨胀期内，不同行业、不同商品、不同服务的价格，会在不同的时间上以不同的幅度上涨，这样，每一类的商品、服务上涨持续的时间也不一样，最后累计上涨的幅度也不一样。

这就如同向水中扔进一块石头，涟漪从中心向四周扩散。而且，最早上涨的那些价格就必然会一直领先于其他价格，因为，在特定时期，新增货币源源不断地流入这些行业。相反，越往后，价格上涨的幅度会越小，相关企业及其员工所能获得的收入增加就会越少。

⸱⸱⸱※ PPI：国家经济体温计 ※⸱⸱⸱

2007年PPI统计数字显示：工业品出厂价格上涨3.1%，其中生产资料价格上涨3.2%；生活资料价格上涨2.8%。原材料、燃料、动力购进价格上涨4.4%。农产品生产价格上涨18.5%。

这一年张某种了约20亩棉花，由于夏天的雨灾，收成比去年下降了1/3，此前一年棉花价格的上涨让他笑逐颜开，但这一年棉价的下跌又让他有些失望。"今年的收成比去年减少了，化肥、人工等成本却比去年提高不少，如果价格再上不去，估计明年棉花的种植面积还会下降。"

在这个故事中PPI跑赢CPI，说明生产者的成本增加速度明显超过了终端消费品的提价速度，这无疑会给企业带来巨大经营压力。虽然每月国家统计局都会发布PPI。不过，对于大多数人来说，PPI还是一个十分陌生的概念，PPI到底是什么?代表了什么呢?

PPI是生产者物价指数（Produce Price Index）的英文缩写，它是站在生产者的角度来观察不同时期货物和服务商品价格水平变动的一种物价指数，反映了生产环节价格水平，也是制定有关经济政策和国民经济核算的重要依据。PPI可以称得上是了解国家经济发展状况的"体温计"。通过PPI的变化，我们就能大体判断国家经济的运行状况，并可由此预判未来国家的宏观经济政策。

生产者物价指数是一个用来衡量制造商出厂价的平均变化的指数，它是统计部门收集和整理的若干个物价指数中的一个。如果生产物价指数比预期数值高时，表明有通货膨胀的风险。如果生产物价指数比预期数值低时，则表明有通货紧缩的风险。生产者物价指数主要的目的是表现衡量各种商品在不同的生产阶段的价格变化时情形。

一般而言，商品的生产分为三个阶段：①原始阶段：商品尚未做任何的加工；②中间阶段：商品尚需作进一步的加工；③完成阶段：商品至此不再做任何加工手续。PPI是衡量工业企业产品出厂价格变动趋势和变动程度的指数，是反映某一时期生产领域价格变动情况的重要经济指标。目前，我国PPI的调查产品有4 000多种（含9 500多种规格），覆盖全部39个工业行业大类，涉及调查种类186个。

其中，能源原材料价格在PPI构成中占较大比重。通常情况下，PPI走高意味着企业出厂价格提高，因此会导致企业盈利增加；但如果下游价格传导不利或市场竞争激烈，走高的PPI则意味着众多竞争性领域的企业将面临越来越大的成本压力，从而影响企业盈利，整个经济运行的稳定性也将受到考验。

因此，PPI可以用来对通货膨胀进行初期预测，理由很简单，企业成本上升时，企业通常会提高价格。一般而言，当生产者物价指数增幅很大而且持续加速上升时，该国央行相应的反应是采取加息对策阻止通货膨胀快速上涨，则该国货币升值的可能性增大；反之亦然。

美劳工部在25 000多家企业做调查，得出产品价格，根据行业不同和在经济中的比重，分配比例和权重。PPI能够反映生产者获得原材料的价格波动情况，推算预期CPI，从而估计通胀风险。总之，PPI上升不是好事，如果生产者转移成本，终端消费品价格上扬，通货膨胀上涨。如果不转移，企业利润下降，经济有下行风险。

在美国，生产者物价指数的资料搜集由美国劳工局负责，他们以问卷的方式向各大生产厂商搜集资料，搜集的基准月是每个月包含13日在内该星期的2 300种商品的报价，再加权换算成百进位形态，为方便比较，基期定为1967年。由于食物及能源价格一向受到季节及供需的影响，波动剧烈，因此，真正的经济学家可以通过对PPI的关注，从而正确判断物价的真正走势。

　　对于老百姓来说，PPI通常被作为观察通货膨胀水平的重要指标。由于食品价格因季节变化而变化，而能源价格也经常出现意外波动，为了能更清晰地反映出整体商品的价格变化情况，一般将食品和能源价格的变化剔除，从而形成"核心生产者物价指数"，进一步观察通货膨胀率变化趋势。

……※ 生活水平的衡量尺度：恩格尔系数 ※……

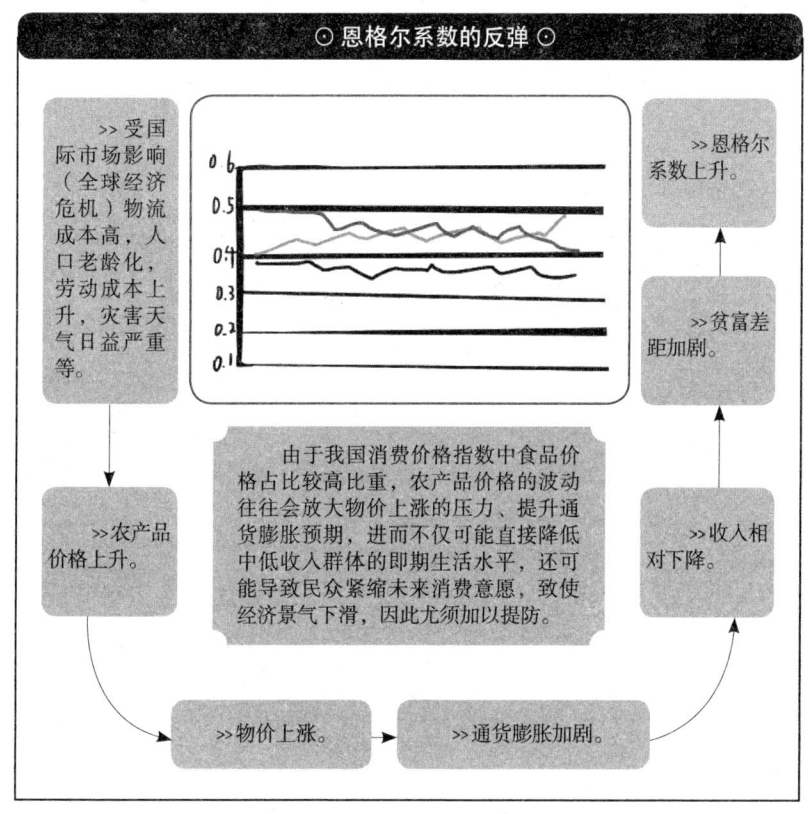

过去，人们见面的第一句话通常是："吃了没？"由此可见食物对人们生活的重要性。消费支出是指一个家庭日常生活的全部支出，包括食品、衣着、家庭设备用品及服务、医疗保健、交通和通讯、娱乐教育文化服务、居住、杂项商品和服务八大类。消费支出反映了居民的物价消费水平，是很重要的宏观经济学变量，被作为宏观调控的依据之一。这里我们所讲的恩格尔系数就是食品支出总额占个人消费支出总额的比重。

恩格尔系数（Engels Coeffeient）是指居民家庭中食物支出占消费总支出的比重。德国统计学家恩格尔根据经验统计资料对消费结构的变动提出这一看法：一个家庭收入越少，家庭收入中或者家庭总支出中用来购买食物的支出所占的比例就越大，随着家庭收入的增加，家庭收入中或者家庭支出中用来购买食物的支出将会下降。恩格尔系数是用来衡量家庭富足程度的重要指标。

恩格尔系数是国际上通用的衡量居民生活水平高低的一项重要指标，国际上常常用恩格尔系数来衡量一个国家和地区人民生活水平的状况。

食物是人类生存的第一需要，在收入水平较低时，其在消费支出中必然占有重要地位。随着收入的增加，在食物需求基本满足的情况下，消费的重心才会开始向穿、用等其他方面转移。因此，一个国家或家庭生活越贫困，恩格尔系数就越大；反之，生活越富裕，恩格尔系数就越小。

根据联合国粮农组织提出的标准，恩格尔系数在59%以上为贫困，50%～59%为温饱，40%～50%为小康，30%～40%为富裕，低于30%为最富裕。一般随居民家庭收入和生活水平的提高而下降。按此划分标准，20世纪90年代，恩格尔系数在20%以下的只有美国，达到16%；欧洲、日本、加拿大，一般在20%～30%，是富裕状态。东欧国家，一般在30%～40%，相对富裕，剩下的发展中国家，基本上分布在小康。

简单地说，一个家庭或国家的恩格尔系数越小，就说明这个家庭或国家经济越富裕。反之，如果这个家庭或国家的恩格尔系数越大，就说明这个家庭或国家的经济越困难。当然数据越精确，家庭或国家的经济情况反应也就越精确。

随着经济的迅速发展，人们花在食物上的支出相对于以前已经多出不少，但是食物支出占整个家庭支出的比例已经呈现下降的趋势，花在住房、汽车、教育、娱乐等其他方面的支出占据越来越大的比重。这就是恩格尔系数在不断降低，但不排除在某一特殊时期会上升。

当然，恩格尔系数也并不是对每一个人或每一个家庭都完全适合的。如自诩为美食家的人，以吃尽天下美食为己任，他花在食物上的消费比例肯定比其他消费多，但依此断定他贫困或富裕就有失偏颇。在适用恩格尔系数进行国际比较时，由于各国的价格体系、福利补贴等方面差异较大，因此，要注意个人消费支出的实际构成情况，注意到运用恩格尔系数反映消费水平和生活质量是会产生误差的。

⋯⋆ 基尼系数是财富收入是否公平的标准 ⋆⋯

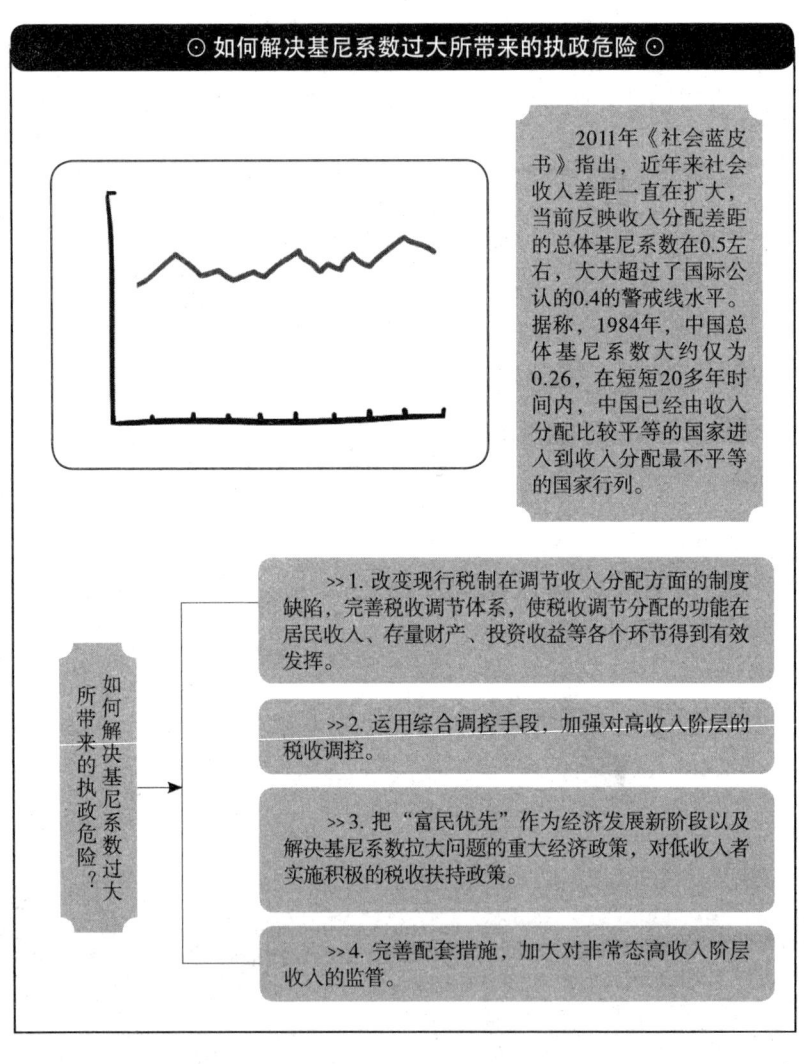

⊙ 如何解决基尼系数过大所带来的执政危险 ⊙

2011年《社会蓝皮书》指出，近年来社会收入差距一直在扩大，当前反映收入分配差距的总体基尼系数在0.5左右，大大超过了国际公认的0.4的警戒线水平。据称，1984年，中国总体基尼系数大约仅为0.26，在短短20多年时间内，中国已经由收入分配比较平等的国家进入到收入分配最不平等的国家行列。

如何解决基尼系数过大所带来的执政危险？

>> 1. 改变现行税制在调节收入分配方面的制度缺陷，完善税收调节体系，使税收调节分配的功能在居民收入、存量财产、投资收益等各个环节得到有效发挥。

>> 2. 运用综合调控手段，加强对高收入阶层的税收调控。

>> 3. 把"富民优先"作为经济发展新阶段以及解决基尼系数拉大问题的重大经济政策，对低收入者实施积极的税收扶持政策。

>> 4. 完善配套措施，加大对非常态高收入阶层收入的监管。

周立波有这样一则清口秀：

你要是年薪在300万元以上，二环内你爱买哪儿买哪儿；

你要是年薪在100～300万元之间，二环至四环内你爱买哪儿买哪儿；

你要是年薪在50～100万元之间，四环至六环内你爱买哪儿买哪儿；

你要是年薪在10万元以下，你就给自己挖个坑，爱埋哪儿埋哪儿。

这虽然是一则笑话，但它揭示了一个问题：贫富收入差距。贫富收入差距通常由基尼系数来表示。

基尼系数（gini）是意大利经济学家基尼于1912年提出的，定量测定收入分配差异程度，国际上用来综合考察居民内部收入分配差异状况的一个重要分析指标。

基尼系数的经济含义是：在全部居民收入中，用于进行不平均分配的那部分收入占总收入的百分比。基尼系数最大为"1"，最小等于"0"。前者表示居民之间的收入分配绝对不平均，即100%的收入被一个单位的人全部占有了；而后者则表示居民之间的收入分配绝对平均，即人与人之间收入完全平等，没有任何差异。但这两种情况只是在理论上的绝对化形式，在实际生活中一般不会出现。因此，基尼系数的实际数值只能介于0～1之间。

基尼系数按照联合国有关组织规定，低于0.2表示收入绝对平均；0.2～0.3表示比较平均；0.3～0.4表示相对合理；0.4～0.5表示收入差距较大；0.5以上表示收入差距悬殊。经济学家们通常用基尼指数来表现一个国家和地区的财富分配状况。这个指数在0和1之间，数值越低，表明财富在社会成员之间的分配越均匀；反之亦然。

通常把0.4作为收入分配差距的"警戒线"。将基尼系数0.4作为监控贫富差距的警戒线，应该说，是对许多国家实践经验的一种抽象与概括，具有一定的普遍意义。但是，各国、各地区的具体情况千差万别，居民的承受能力及社会价值观念都不尽相同，所以这种数量界限只能用作宏观调控的参照系，而不能教条和作为标准执行。

基尼系数由于给出了反映居民之间贫富差异程度的数量界线，可以较客观、直观地反映和监测居民之间的贫富差距，预报、预警和防止居民之间出现贫富两极分化，因此得到世界各国的广泛认同和普遍采用。

有很多人认为听到一个基尼系数，就认为了解了当地收入分配的一种实际状况。事情仿佛和天气预报差不多，听到最高最低温度多少，我们立刻就知道了气候的冷暖。

我们应该看到这样一个社会现象：富者很富，穷者很穷。用经济学术语来说，这就是收入分配中的"马太效应"。在国民收入分配领域，马太效应进一步显现出贫者越贫、富者越富的状态，这种情况对经济的协调发展和社会的和谐进步产生一定影响。一部分人已经先富起来了，这是中国的客观现实。大部分人虽然已经解决了温饱问题，收入有所提高，却还算不上富裕，也是中国的客观现实。居民收入差距不断地扩大，就是中国客观现实的反映。

····※ 金融投资的风向标：道·琼斯指数 ※····

⊙ 为什么道·琼斯指数被称为经济的晴雨表 ⊙

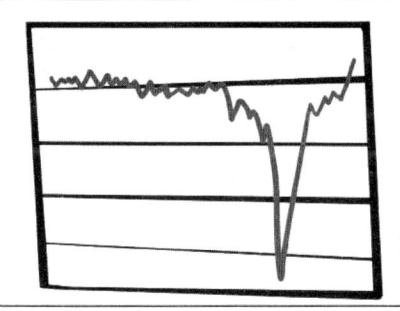

一是道·琼斯股票价格平均指数所选用的股票都是有代表性，这些股票的发行公司都是本行业具有重要影响的著名公司，其股票行情为世界股票市场所瞩目，各国投资者都极为重视。

二是公布道·琼斯股票价格平均指数的新闻载体——《华尔街日报》是世界金融界最有影响力的报纸。该报每天详尽报道其每个小时计算的采样股票平均指数、百分比变动率、每种采样股票的成交数额等。

三是这一股票价格平均指数自编制以来从未间断，可以用来比较不同时期的股票行情和经济发展情况，成为反映美国股市行情变化最敏感的股票价格平均指数之一，是观察市场动态和从事股票投资的主要参考。

对于金融世界、特别是投资股票的人们而言，道·琼斯指数和《华尔街日报》就是他们的圣经。当新世纪开始的时候，拜伦家庭的努力，使道·琼斯公司和道·琼斯指数跟上了时代发展的步伐，继续反映着美国经济，指导着投资者们的行动。美西战争的胜利和雄心勃勃的西奥多·罗斯福总统，使美国经济超越国界登上世界舞台。股票市场异常繁荣，道·琼斯指数记录了一个无可比拟的国内市场健康发展的重要时期。

　　道·琼斯指数是世界上历史最为悠久的股票指数，它的全称为股票价格平均指数。通常人们所说的道·琼斯指数有可能是指道·琼斯指数四组中的第一组道琼·斯工业平均指数（Dow Jones Industrial Average）。

　　整个20世纪20年代是道·琼斯指数的辉煌时期。1928年，它增加了30余种股票。那些有钱的富人们一直把股票市场看作是他们的私人领域，但这时情况发生了变化。对于股市的狂热使人们想尽办法投身股市，于是他们得到一个新的极其危险的金融玩具，即定金交易。这种玩法十分刺激，人们花1美元便能买到价值10美元的股票，这使那些没有多少钱的人也参与了进来，电梯工、接线员、报童等所有人都跟金融巨头一样玩起了股票。他们为有这么多挣钱的机会而疯狂，却没有意识到市场涨得越高下跌的危险就越大。

　　股票价格指数就是用以反映整个股票市场上各种股票市场价格的总体水平及其变动情况的指标。简称为股票指数。它是由证券交易所或金融服务机构编制的表明股票行市变动的一种供参考的指示数字。由于股票价格起伏无常，投资者必然面临市场价格风险。对于具体某一种股票的价格变化，公开发布，作为市场价格变动的指标。投资者据此就可以检验自己的投资的效果，并用以预测股票市场的动向。

　　道·琼斯股票指数是在1884年由道·琼斯公司的创始人查理斯·道开始编制的。其最初的道·琼斯股票价格平均指数是根据11种具有代表性的铁路公司的股票，采用算术平均法进行计算编制而成，发表在查理斯·道自己编辑出版的《每日通讯》上。

　　其计算公式为：股票价格平均数＝入选股票的价格之和/入选股票的数量。

　　自1897年起，道·琼斯股票价格平均指数开始分成工业与运输业两大类，其中工业股票价格平均指数包括12种股票，运输业平均指数则包括20种股票，并且开始在道·琼斯公司出版的《华尔街日报》上公布。1928年后，道·琼斯股票价格平均数就改用新的计算方法，即在计点的股票除权或除息时采用连接技术，以保证股票指数的连续，从而使股票指数得到了完善。在1929年，道·琼斯股票价格平均指数又增加了公用事业类股票，使其所包含的股票达到65种。

除了道·琼斯股票价格指数外，还有其他的价格指数。

标准普尔股票价格指数。这是美国最大的证券研究机构即标准普尔公司编制的股票价格指数。

纽约证券交易所股票价格指数。这是由纽约证券交易所编制的股票价格指数。它起自1966年6月，先是普通股票价格指数，后来改为混合指数，包括这在纽约证券交易所上市的1500家公司的1 570种股票。

日经道·琼斯股价指数。这是由日本经济新闻社编制并公布的反映日本股票市场价格变动的股票价格平均数。该指数从1950年9月开始编制。

香港恒生指数。这是香港股票市场上历史最久、影响最大的股票价格指数，由香港恒生银行于1969年11月24日开始发表。恒生股票价格指数包括从香港500多家上市公司中挑选出来的33家具有代表性且经济实力雄厚的大公司股票作为成分股。

道·琼斯指数的目的在于反映美国股票市场的总体走势，涵盖金融、科技、娱乐、零售等多个行业。道·琼斯工业平均指数目前由《华尔街日报》编辑部维护，其成份股的选择标准包括成份股公司持续发展，规模较大、声誉卓著，具有行业代表性，并且为大多数投资者所追捧。

目前，道·琼斯工业平均指数中的30种成份股是美国蓝筹股的代表。这个神秘的指数的细微变化，带给亿万人惊恐或狂喜，它已经不是一个普通的财务指标，而是世界金融文化的代号。

股票总的面值相对而言是固定的。如果经济行情或者人们对股市的预期看涨，大量资金进入股市，股票的价格就上扬，股票便升值，指数也上升。如果经济行情或者人们对股市的预期看跌，那么大量的股票持有者就抛售手中股票，换取现金退出股市，于是股价下跌，指数下降，整个股市内的资金总量快速减少。所以不论是上学的小孩，还是不懂股票的年轻人，他们炒股没有像那些专家去看公司的财务报表，去看产品的创新，他们看的仅仅是股票指数。

····※ 全球经济突围的秘道：低碳金融 ※····

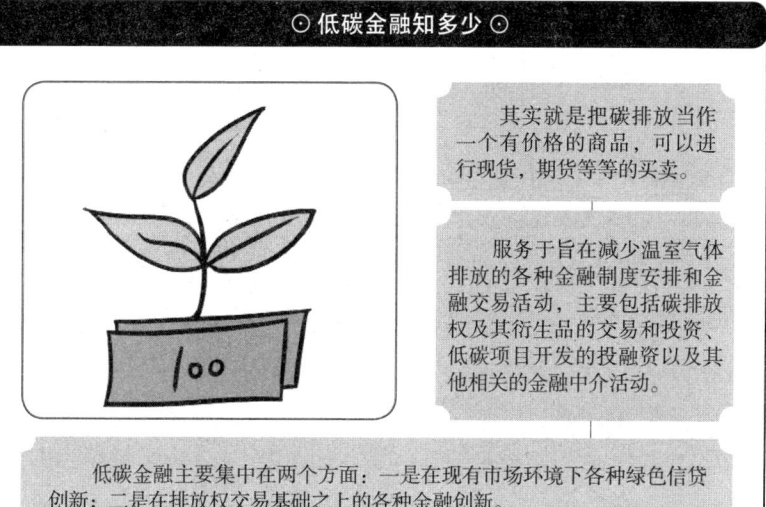

⊙ 低碳金融知多少 ⊙

其实就是把碳排放当作一个有价格的商品，可以进行现货，期货等等的买卖。

服务于旨在减少温室气体排放的各种金融制度安排和金融交易活动，主要包括碳排放权及其衍生品的交易和投资、低碳项目开发的投融资以及其他相关的金融中介活动。

低碳金融主要集中在两个方面：一是在现有市场环境下各种绿色信贷创新；二是在排放权交易基础之上的各种金融创新。

  世界金融危机的硝烟尚未散去，全球低碳经济革命之风席卷而来。你低碳了吗？成为当今最时尚的问候语。从哥本哈根会议伊始到如今，我国各行各业的人们都在自己的领域积极响应号召，低碳环保的生活理念已经悄然走近大家的内心。

  我们对于低碳经济的认识是这样的，它是一种正在兴起的经济形态和发展模式，包括了低碳产业、低碳技术、低碳城市、低碳生活等一系列新内容，也是人类文明进步的一个标志。低碳经济是要建设低碳社会、维护生态平衡，真正在气候变化的背景下实现可持续发展。发展低碳经济，是一场涉及生产方式、生活方式、价值观念和人类命运的全球性革命。

在全球化的视野下，能源问题已经成为国际政治、经济、环境保护等诸多领域的中心议题，甚至成为国际政治的重心。国家间围绕世界能源的控制权进行的激烈争夺，各国维护自身利益所制定的能源安全战略，以及各国政府积极主导的替代能源的开发，使能源问题日益成为国际社会的焦点；而油价波动、低碳经济、气候变化以及环境保护诸多问题，不仅是政府首脑、智库学者的案头工作议题，而且成为切切实实的民生问题。中国在能源领域的国际合作也在不断扩大，从最初的石油天然气，扩展到了煤炭、电力、风能、生物质燃料、核能、能源科技等各个领域，而伴随着能源问题的国际化，中国也从国际社会的幕后走到台前，承担的责任越来越重。

低碳经济是可持续发展的大势所趋。它对于中国来说，是一次重大的考验，但同时我们也应该看到，低碳经济也给我国经济的发展带来了非常多的机遇。

可以说创新是发展低碳经济的源泉。要发展低碳经济，就是发展高新技术产业，发展这方面有持续竞争力的产业根本的动力是创新。

低碳经济属于创新型的经济，而创新型的经济又是以高新技术为依托的。这是一个充满风险的过程。从初期发展一个技术到一个产业，一般要经过种子期、初创期、成熟期连续几个阶段，要经过惊险的跳跃，而且需要资金的支持。如果没有这样资本市场的支持，高收益、高风险、高增长潜力的低碳项目就难以蓬勃发展。对于东西的发展，实践证明风险投资是比较好的方法，主要是这种机制的引入，就像硅谷那样可以鼓励创新、容忍失败、顺其自然使大量的低碳技术成功开发，并且使创业者的理想可以实现，使低碳的产业层出不穷。所以，只有把低碳经济与金融结合，才可以展翅翱翔，只有这样才能创新低碳技术。在全世界碳金融盛行的当下，更好地树立全社会的低碳意识，把握机遇，发展低碳的产业，壮大低碳的经济。

⊙ 莫让GDP成为我国环保的绊脚石 ⊙

绿色 GDP

　　绿色GDP是指一个国家或地区在考虑了自然资源与环境因素影响的经济活动的最终成果。即，将经济活动中所付出的资源耗减成本和环境降级成本从GDP中予以扣除，用公式简单说明就是：

绿色 GDP ＝ **GDP 总量** － **环境资源成本 ＋ 环境资源保护成本**

揭露污染企业，不需要躲猫猫

GDP 服从环保

这些是保密的

违法排污企业

环境保护

　　环保部门之所以对一些企业违法排污等情况"保密"，并热衷于采取私下解决的方式处理，是因为担心对当地的经济发展的影响。其实，环保和经济发展并不存在冲突。我们需要 GDP，但更需要"绿色GDP"。

　　面对严峻的节能减排形势，地方政府必须树立科学的发展观，完成"硬指标"要出"硬招数"，不动"真格的"换不来"蓝天碧水"。

⸬※ 三元悖论：金融学中的不可能三角 ※⸬

1997年爆发了亚洲金融危机，泰国、印尼等东南亚国家在保持货币政策的独立性和资本流动自由的前提下，汇率剧烈波动，最后不得不以贬值而告终。随后在国际货币基金组织开出的"治疗处方"中，以牺牲货币政策的独立性（即部分让渡货币政策的主权）为代价，获取了资本自由流动和汇率稳定的目标。

1999年，美国经济学家保罗·克鲁格曼在仔细研究亚洲金融危机过程及原因后，根据蒙代尔"不可能三角"画出了一个三角形，并称其为"永恒的三角形"，克鲁格曼还为此专门取了一个名字，即"三元悖论"。

在现代金融理论中有一个非常著名的"不可能三角"理论。三元悖论（The Impossible Trinity），也称三难选择，它是由美国经济学家保罗·克鲁格曼就开放经济下的政策选择问题所提出的，其含义是：如果一个国家想允许资本自由流动，又要求拥有独立的货币政策，那么就难以保持汇率稳定；如果要求汇率稳定和资本流动，就必须放弃独立的货币政策；如果要求拥有独立的货币政策和保持汇率稳定，就必须对资本流动进行限制。本国货币政策的独立性、汇率的稳定性、资本的完全流动性不能同时实现，最多只能同时满足两个目标，而放弃另外一个目标。

根据三元悖论，在资本自由流动、货币只能公测的有效性和汇率制度稳定三者之间只能进行以下三种选择。

1. 保持本国货币政策的独立性和资本的完全流动性，必须牺牲汇率的稳定性，实行浮动汇率制

这是由于在资本完全流动条件下，频繁出入的国内外资金带来了国际收支状况的不稳定，如果本国的货币当局不进行干预，即保持货币政策的独立性，那么本币汇率必然会随着资金供求的变化而频繁波动。利用汇率

自动调节机制将汇率调整到真实反映经济现实的水平，可以改善进出口收支，影响国际资本流动。虽然汇率调节机制本身具有缺陷，但实行汇率浮动确实较好地解决了"三难选择"。但对于发生金融危机的国家来说，特别是发展中国家，信心危机的存在会大大削弱汇率调节机制的作用，甚至起到恶化危机的后果。当汇率调节机制不能奏效时，为了稳定局势，政府的最后选择是实行资本管制。

2. 保持本国货币政策的独立性和汇率的稳定性，必须牺牲资本的完全流动性，实行资本管制

在金融危机的严重冲击下，在汇率贬值无效的情况下，唯一的选择是实行资本管制，实际上是政府以牺牲资本的完全流动性来维护汇率的稳定性和货币政策的独立性。大多数经济不发达的国家，比如中国，就是实行的这种政策组合。一方面是由于这些国家需要相对稳定的汇率制度来维护对外经济的稳定，另一方面是由于他们的监管能力较弱，无法对自由流动的资本进行有效的管理。

3. 维持资本的完全流动性和汇率的稳定性，必须放弃本国货币政策的独立性

根据蒙代尔—弗莱明模型，资本完全流动时，在固定汇率制度下，本国货币政策的任何变动都将被所引致的资本流动的变化而抵消其效果，本国货币政策丧失自主性。在这种情况下，本国或者参加货币联盟国，或者更为严格地实行货币制度，基本上很难根据本国经济情况来实施独立的货币政策对经济进行调整，最多是在发生投机冲击时，短期内被动地调整本国利率以维护固定汇率。可见，为实现资本的完全流动与汇率的稳定，本国经济将会付出放弃货币政策自主权的巨大代价。

中国由于从计划经济转向市场经济的历史还比较短暂，国民经济抵御市场风险能力以及进行宏观调控的政策手段和法律体系还不健全，因而

中国采取了上面所述的第二种模式，即保持货币政策的独立性和稳定汇率，而对资本的自由流动进行限制的模式。但随着人民币国际化呼声越来越高，资本的自由流动将会在不久的将来得以实现，届时中国将会从第二种模式转为第一种模式，即保持本国货币政策的独立性和资本的完全流动性，放弃固定汇率制，而实行浮动汇率制。

"不可能三角"理论从战后国际货币体系的发展中已经得到验证：在1945年至1973年的布雷顿森林体系中，各国"货币政策的独立性"和"汇率的稳定性"得到实现，但"资本流动"受到严格限制；而1973年以后，"货币政策独立性"和"资本自由流动"得以实现，但"汇率的稳定性"不复存在。"不可能三角"理论的妙处在于，它提供了一个一目了然地划分国际经济体系各形态的方法。

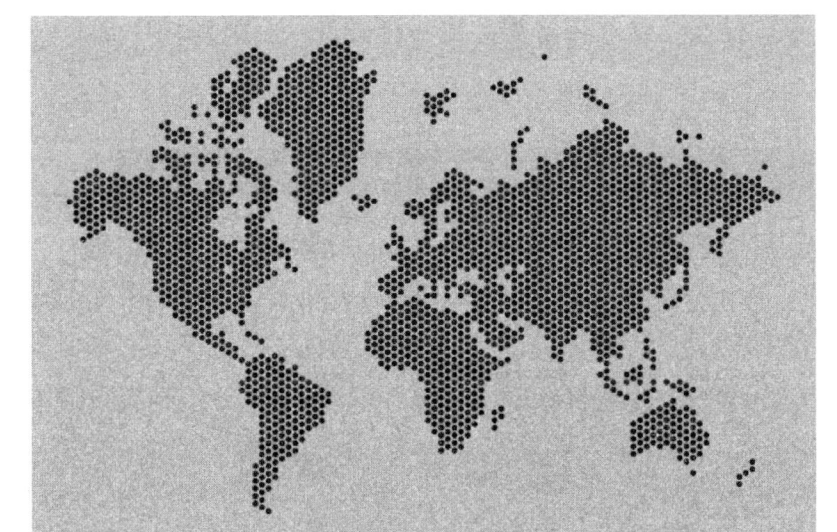

Chapter 4

为什么贫者越贫，富者越富
——每天学点金融学原理

…※什么让你一夜暴富，或一夜破产——财务杠杆率 ※…

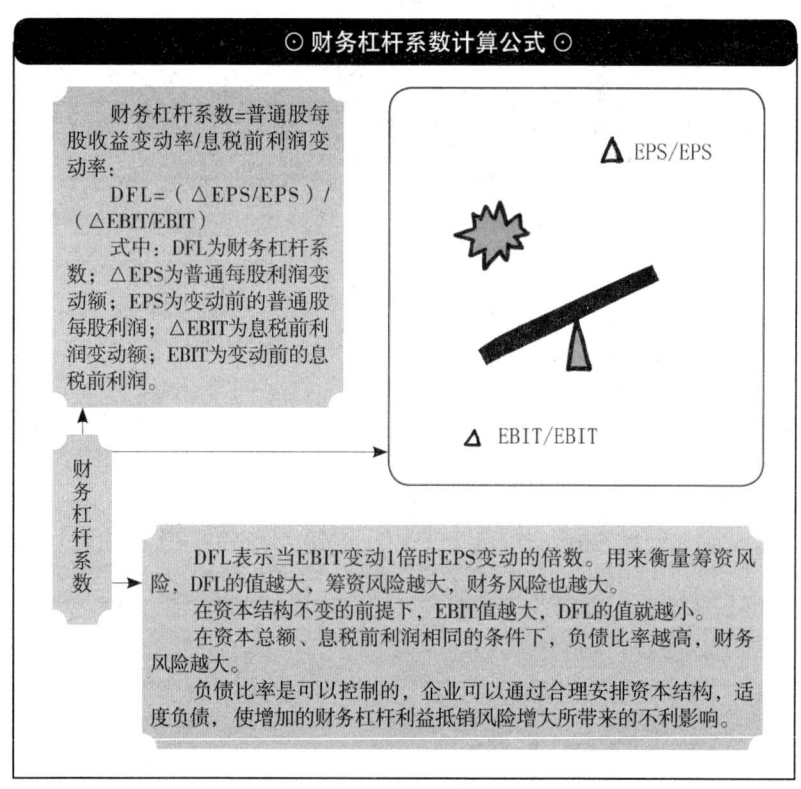

⊙ 财务杠杆系数计算公式 ⊙

财务杠杆系数=普通股每股收益变动率/息税前利润变动率；

$$DFL=(\triangle EPS/EPS)/(\triangle EBIT/EBIT)$$

式中：DFL为财务杠杆系数；△EPS为普通每股利润变动额；EPS为变动前的普通股每股利润；△EBIT为息税前利润变动额；EBIT为变动前的息税前利润。

△ EPS/EPS

△ EBIT/EBIT

财务杠杆系数

DFL表示当EBIT变动1倍时EPS变动的倍数。用来衡量筹资风险，DFL的值越大，筹资风险越大，财务风险也越大。

在资本结构不变的前提下，EBIT值越大，DFL的值就越小。

在资本总额、息税前利润相同的条件下，负债比率越高，财务风险越大。

负债比率是可以控制的，企业可以通过合理安排资本结构，适度负债，使增加的财务杠杆利益抵销风险增大所带来的不利影响。

　　曾经的次贷危机可以使整个发达国家的金融体系受到波及，除美国新世纪金融公司、美国的Countrywide公司、英国的诺森罗克银行、英国北岩银行这些业务主要集中在抵押贷款领域的企业遭受重创以外，花旗集团、美林证券、瑞士银行等大型综合银行和投资银行也未能幸免。

　　美林证券有稳定的经纪业务、花旗集团有大量的零售银行业务和全球化的分散投资，瑞士银行有低风险的财富管理业务一贯享受着最高的信用评级，房地产抵押贷款只是他们利润来源的一小部分。但正是因为抵押贷款业务让这些金融寡头们遭受了沉重的打击。在20倍的高杠杆放大作用下,各大金融集团在次贷危机中的投资损失率竟然达到18%至66%，平均损失约30%。

很多投资银行在追求暴利的驱使下，采用20~30倍的杠杆操作。假设一个银行A自身资产为30亿，30倍杠杆就是900亿。也就是说，这个银行A以30亿资产为抵押去借900亿的资金用于投资，假如投资盈利5%，那么A就获得45亿的盈利，相对于A自身资产而言，这是150%的暴利。反过来，假如投资亏损5%，那么银行A赔光了自己的全部资产还欠15亿外债。

通过以上的案例可以看出，高杠杆率对投行的影响是双向的，它既能放大投行的盈利，也能放大投行的风险损失；其资产的小幅减值或业务的微小损失都有可能对屠弱的资本金造成严重冲击，令其陷入绝境。

所谓的杠杆率即一个公司资产负债表上的风险与资产之比率。杠杆率是一个衡量公司负债风险的指标，从侧面反映出公司的还款能力。一般来说，投行的杠杆率比较高，美林银行的杠杆率在2007年是28倍，摩根士丹利的杠杆率在2007年为33倍。

财务杠杆之所以叫杠杆，有它省力的因素。在物理学中，杠杆通过增加动力臂长度，提高动力的作用，来节省所付出的力量；而财务杠杆是通过增加贷款数量来节约自有资金的支出，增加资金的流动性，进一步提高收益水平。这里需要符合一个基本的条件，就是贷款利率低于资金利润率，也就是说，用借来的钱赚的钱要比借钱的利息高，否则贷得越多，赔偿的就会越多。

财务杠杆率等于营业利润与税前利润之比，反映的是由于存在负债，所产生的财务费用（利息）对企业利润的影响。在一定程度上反映企业负债的程度和企业偿债能力，财务杠杆率越高反映利息费用越高，导致ROE指标越低。

简单地讲就是把你的资金放大，这样的话你的资金成本就很小，同时你的风险和收益就放大了，因为盈亏的百分比不是依据原来的资金，而是根据放大后的资金来衡量的。也可以把财务杠杆简单看作是公司利用债务资产的程度，即公司负债与公司净资产的比值。可以确定的是，该比值越高，公司的杠杆比率就越大，说明公司的经营风险越高；比值越低，公司的杠杆比率就越低，公司的经营风险也就越低。

财务杠杆是用公司的资本金去启动更多的资金，在金融学中，经常用杠杆比例这一指标来表示。杠杆比例是总资产与净资产之比，这一比例越高，风险就越大。我们从一个简单的例子来看看高杠杆所带来的高收益与高风险。

以投资股票为例，假如某投资者有1万元可用于投资，欲购买A股票，当前价格10元。他可买1 000股，在不计手续费的情况下，股价上涨至15元，他可获利5 000元，股价下跌至5元，他将损失5 000元。

又假如他可以按1∶1的比例融资（其杠杆是2倍），那么，他可购买2 000股A股票，于是，股价上涨至15元，他可获利1万元，股价下跌至5元，他将损失1万元，如此，收益和风险都扩大了两倍。

再假如他使用4倍的杠杆融到4万元，则可以买4 000股股票，如果股价同样从10元上涨至15元，他每股盈利5元，可以赚2万元，股票下跌至5元，他将损失2万元。其投资的收益与风险与初始投资相比，也放大了4倍。

在现实生活中很多人为了更多更快获得资产性收益，利用财务杠杆开始压缩生活杠杆，通过炒股炒房获得资本，尝到甜头之后，往往抵押房地产炒股，甚至继续利用房地产抵押买来的股票做抵押再炒股炒房，杠杆比例持续上升。当资产价格上涨，这些杠杆带来正面效应，获得大量收益的时候，个人往往因为钱来得太容易而昏头，冲动买入大量奢侈品，刺激了生活杠杆。但是，如果资产价格下跌，这些杠杆作用的威力也是巨大的，你所有的资产均可能会化为泡影，成为负债累累的"负翁"。

因此，控制杠杆是分散业务风险的前提，在金融创新中要秉持"可以承受高风险，绝不承受高杠杆"的原则，当风险不可测时，控制杠杆比控制风险更重要。

…※ 随大流是明智还是愚蠢——博傻理论 ※…

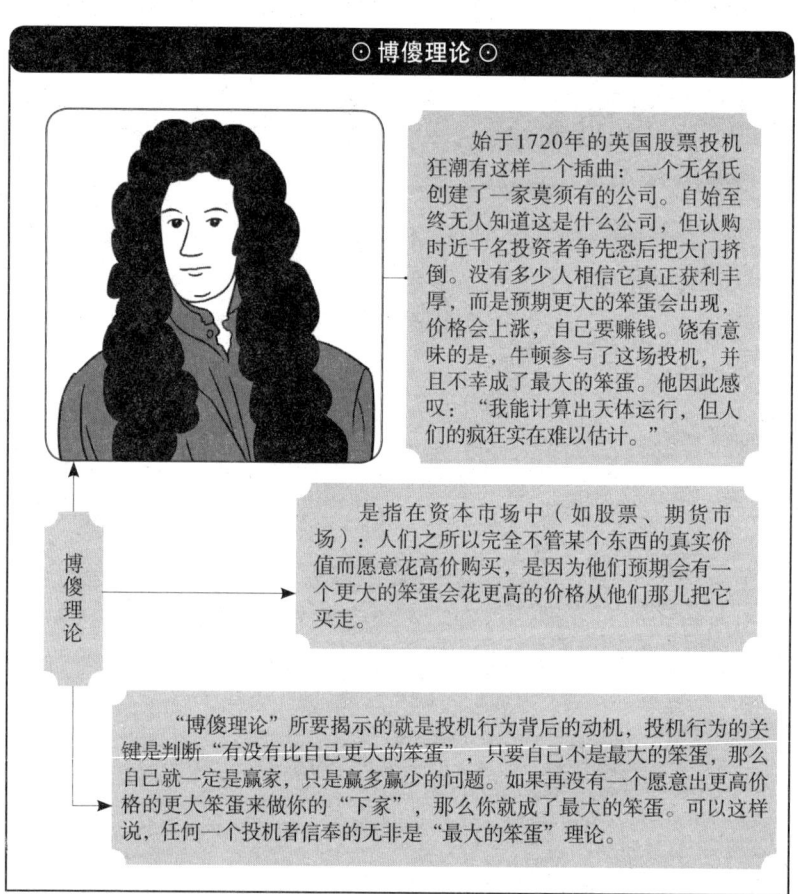

⊙博傻理论⊙

始于1720年的英国股票投机狂潮有这样一个插曲：一个无名氏创建了一家莫须有的公司。自始至终无人知道这是什么公司，但认购时近千名投资者争先恐后把大门挤倒。没有多少人相信它真正获利丰厚，而是预期更大的笨蛋会出现，价格会上涨，自己要赚钱。饶有意味的是，牛顿参与了这场投机，并且不幸成了最大的笨蛋。他因此感叹："我能计算出天体运行，但人们的疯狂实在难以估计。"

博傻理论

是指在资本市场中（如股票、期货市场）：人们之所以完全不管某个东西的真实价值而愿意花高价购买，是因为他们预期会有一个更大的笨蛋会花更高的价格从他们那儿把它买走。

"博傻理论"所要揭示的就是投机行为背后的动机，投机行为的关键是判断"有没有比自己更大的笨蛋"，只要自己不是最大的笨蛋，那么自己就一定是赢家，只是赢多赢少的问题。如果再没有一个愿意出更高价格的更大笨蛋来做你的"下家"，那么你就成了最大的笨蛋。可以这样说，任何一个投机者信奉的无非是"最大的笨蛋"理论。

在艺术品市场中，商品琳琅满目，很多人对艺术品一知半解，也完全不去管某件艺术品的真实价值，即使它一文不值，也愿意花高价买下，是因为大部分人都在期望会有比自己更不在行的人，可能会凭借一时冲动，或者喜欢它的做工和外表，而再以更高的价格从你手中买走。像上文中所描述的一样，投资成功的关键就在于能否准确判断究竟有没有比自己更大的笨蛋出现。只要你不是最大的笨蛋，就仅仅是赚多赚少的问题。如果再也找不到愿意出更高价格的笨蛋从你手中买走这件商品的话，那么，很显然你就是最大的笨蛋了。

"博傻理论"所要揭示的就是投机行为背后的动机，关键是判断是否有比自己更大的笨蛋，只要自己不是最大的笨蛋，那么自己就一定是赢家，只是赢多赢少的问题。如果再没有一个愿意出更高价格的更大笨蛋来做你的"下家"，那么最终最大的笨蛋就是你。任何一个投机者对"最大的笨蛋"理论深信不疑。

那什么是博傻？在股票和期货市场上，博傻是指在高价位买进股票，等行情上涨到有利可图时迅速卖出，这种操作策略通常被市场称之为傻瓜赢傻瓜，所以只能在股市处于上升行情中适用。从理论上讲博傻也有其合理的一面，博傻策略是高价之上还有高价，低价之下还有低价，其游戏规则就像接力棒，只要不是接最后一棒都有利可图，做多者有利润可赚，做空者减少损失，只有接到最后一棒者倒霉。投机狂潮中最有力的动机解释就是博傻理论。

在如此这般疯狂的投资世界，每分钟都会诞生无数个傻瓜——他之所以出现就是要以高于你投资支付的价格购买你手上的投资品。只要有其他人可能愿意支付更高的价格，再高的价格也不算高。发生这样的情况，正是大众心理在发酵。

英国经济学家凯恩斯为了能够专注地从事学术研究，经常出外讲课以赚取课时费，但课时费的收入毕竟是有限的，在经济状况不能满足开销的情况下，于是他在1919年8月，借了几千英镑去做远期外汇投机生意。仅仅4个月的时间，凯恩斯净赚1万多英镑，这相当于他讲课10年的收入。刚开始有惊无险，狂妄之余仍然任由自己的欲望膨胀，仅仅3个月之后，凯恩斯就把赚到的利润和借来的本金输了个精光。赌徒的心理是输掉的总要想尽办法赢回来，上帝总是眷顾幸运的人，结果7个月后，凯恩斯又涉足棉花期货交易，大获成功。

在此期间，凯恩斯把期货品种几乎做了个遍，而且还涉足于股票。到1937年他因病而"金盆洗手"的时候，他已经积攒起一生享用不完的巨额财富。与一般赌徒不同，作为经济学家的凯恩斯在这场投机的生意中，除了赚取可观的利润之外，最大也是最有益的收获是发现了"笨蛋理论"，也有人将其称为"博傻理论"。

对于博傻行为，可以分为两种，一种是感性博傻，一种是理性博傻，前者是在行动时不知道自己已经进入一场未知结果的博傻游戏，而后者是清楚地知道博傻及其相关规则，只是相信一定会有更傻的投资者会介入，因此会拿些少量的资金来赌一把。

理性博傻能够赚取利润的前提是，会有更多的傻子来跟风，这是对大众心理的判断，当投资者发现当前的价位已经偏高准备撤离时，市场的高点也真正到来了。所以"要博傻，不是最傻"这句话说起来简单做起来并不容易。没有人能准确地判断出会有多少更傻的人介入进来，所以参与博傻的前提是要对大众心理进行研究和分析，并控制好自己的心态。对于博傻现象，完全放弃也不一定是完全合理的理性，在自己可以完全掌控的状况下，适当保持一定的理性博傻，也不失是一种投资策略。

……※ 贫者越贫，富者越富——马太效应 ※……

　　《圣经》中有这样一个故事：一位富人将要远行，临走之前，他将仆人们叫到一起并把财产委托给他们保管。主人根据每个人的才干，给了第一个仆人五个塔伦特（古罗马货币单位），第二个仆人两个塔伦特，第三个仆人一个塔伦特。拿到五个塔伦特的仆人把它用于经商，并且赚到了五个塔伦特；同样，拿到两个塔伦特的仆人也赚到了两个塔伦特；但拿到一个塔伦特的仆人却把主人的钱埋到了土里。过了很长一段时间，主人回来了。拿到五个塔伦特的仆人带着另外五个塔伦特来见主人，他对自己的主人说："主人，你交给我五个塔伦特，请看，我又赚了五个。""做得好！你是一个对很多事情充满自信的人，我会让你掌管更多的事情。现在就去享受你的土地吧。"同样，拿到两个塔伦特的仆人带着他另外两个塔伦特来了，他对主人说："主人，你交给我两个塔伦特，请看，我又赚了两个。"主人说："做得好！你是一个对一些事情充满自信的人，我会让你掌管很多事情。现在就去享受你的土地吧。"最后，拿到一个塔伦特的仆人来了，他说："主人，我知道你想成为一个强人，收获没有播种的土地。我很害怕，于是就把钱埋在了地下。看那里，埋着你的钱。"主人斥责他说："又懒又缺德的人，你既然知道我想收获没有播种的土地，那么你就应该把钱存在银行，等我回来后连本带利还给我。"说着转身对其他仆人说："夺下他的一个塔伦特，交给那个赚了五个塔伦特的人。""可是他已经拥有十个塔伦特了。""凡是有的，还要加给他，使他富足；但凡没有的，连他所有的，也要夺去。"

　　这个故事出于《圣经》中《新约·马太福音》。20世纪60年代，知名社会学家罗伯特·莫顿首次将"贫者越贫，富者越富"的现象归纳为马太效应。

　　任何个体群体或是地区，一旦在某一个方面如金钱、名誉、地位等获得成功和进步，就会产生一种积累优势，就会有更多的机会取得更大的成功和进步。如今，马太效应在经济领域的延伸意义就是贫者越贫，富者越富。

其实这一点很容易理解，因为在金钱方面也是如此：即使投资报答率相同一个本钱比他人多十倍的人，收益也多十倍；股市里的大庄家可以兴风作浪而小额投资者往往血本无归。资本雄厚的企业可以纵情运用各种营销手腕推广自己的产品，小企业只能在夹缝中生活。

随着社会的发展，渐渐地马太效应适用的领域越来越广泛。经济学规律告诉我们，财富的增减有时候是以几何的形式呈现的。每一个有志于扩张财富的人，都应掌握财富增长的规律，去实现自己的计划。

对于投资者来说，储蓄和投资是积累财富的两大重要途径。从表面上看似乎是最没有风险的，而且可以获得稳定的利息，殊不知在低利率时代仅仅依靠储蓄不可能满足你积累财富的要求。因为通货膨胀一方面会使你手中的货币贬值；另一方面，投资会使以货币计量的资产增值，你持有了能够增值的资产，自然就不用担心资金购买力的侵蚀了。

不如我们先看个案例：

光成和青楠是同一个公司的职工，他们每月的收入都是2 000元，光成刚开始每个月从工资中扣除400元存在银行做储蓄，经过3年，积累了近15 000元。然后，他将其中的5 000元分别存银行和买了意外保险。再将剩下的1万元投资了股市。起初，股票上的投资有赔有赚，但经过2年多的时间，1万元变成了4万元多，再加上后面两年再投入的资本所挣得的赢利以及留存在银行里的储蓄，他的个人资产达到了70 000～80 000元。

青楠则把钱全都存在了银行，五年下来扣除利息税，再加上通货膨胀，他的钱居然呈现了负增长。也就是说如果他和光成一样，每月存400元，那5年后，他的存款也不过是25 000千元，再扣除通货膨胀造成的损失（假定为0.03%）7.5元，则剩下24 992.5元。

五年的时间，就让两个人相差将近5万元！一年就是1万，那么40年后呢？就是更大的数字了。而且，光成因为积蓄的增多，还会有更多的机会和财富进行投资，也就是能挣更多的钱。青楠则可能因为通货膨胀，积蓄变得更少。

案例正应了马太效应里的那句话，让贫者更贫，让富者更富。即便是再小的钱财，只要你认真累积，精心管理，也会有令人惊讶的效果，并让你有机会、有能力更加富有。

一些工薪族认为，每个月的工资不够用，即便省吃俭用也没剩下多少。即便理财，效果也不大，还有必要理财吗？

这种想法是错误的。只要理财，再少的钱都可能给你带来一份收益，而不理财则再多的钱也会有花光的时候。再者，理财中还有一种奇特的效应，叫作马太效应。只要你肯理财，时间久了，也就积累了更多的财富，有更多的机会收获成功。不要让你的财富陷入负增长的不健康循环中去，善理财者会更富有，而不懂得运作金钱赚钱的人会日益的贫穷。

···❀ 不可违背的"太太定律"——市场意志原理 ❀···

投资基于信念，比如，同样的消息释放出来，听闻的投资者会有截然不同甚至相反的理解；不同的分析师也会根据不同的数据得出五花八门的结论；所有的交易单，有多少买方就必定有多少卖方。市场里的每一位交易者，其实都是在根据自己的"信念系统"进行交易，而所谓的"基本面研究"和"技术分析"，不过是辅助手段，或者说让自己的交易单下得更加符合自己的心理预期。

信念是认知、情感和意志的有机统一体，是人们在一定的认识基础上确立的对某种思想或事物坚信不疑并身体力行的心理态度和精神状态。对于市场信念各学派有着不同的见解。

奥地利学派的信念是：市场是自然的函数，任何人都不能对抗自然，而只能顺应自然。奥地利学派相信，个体与整体受同样的规则约束。如果说某种原则对个人有益，譬如节俭，那么对私有实体、国家也同样有益。经济学不存在任何的"集合悖论"。也不应人为地规划所谓的"宏观经济学"和"微观经济学"。

自然界有既定的自然规律，比如阴阳交替，潮涨潮落。那么人类本身也难逃自然规律从而会经历繁荣和衰败，经济活动是人所为，因此也无法摆脱自然的约束。奥地利学派认为，经济荣枯循环不可避免。任何国家都不可能无休止地维持增长，当乐观情绪蔓延，每个人都以为自己只需炒房炒股，坐收渔利的时候，实际的储蓄逐渐被耗尽，财产的消亡必会来临。在衰退期，最好的方式就是顺其自然，不要与经济规律对抗。

经济学家凯恩斯学派的信念则完全相反，认为市场是"人类意志"的函数，是可以依靠人力改变的。他们否认个体与整体的同一性，主张用两套理论解释经济：研究国家用"宏观经济学"；研究个人行为和公司行为则用"微观经济学"。凯恩斯之所以如此"创新",很可能是受到了当时物理学界变革的影响,那时牛顿的万有引力定律饱受质疑,而量子力学则方兴未艾。物理学家倾向于用量子力学解释微观的原子,而仍然沿用牛顿定律来解释宏观的天体。

然而经过时代的变迁,物理学家已经发现了这种人为界定"宏观"与"微观"的缺陷。天体是由原子所组成,国家是由个人所组成,一国的经济活动也是无数个人行为的结果。究竟哪一点才是宏观与微观的界线?

现代科学已经证实,宇宙的规律在于"分形",即在不同尺度显现出同样的规律,彼此相似却不尽相同。自然界处处都是"分形"的例子。例如海岸线,无论是放大100倍还是缩小到1%,都是海岸线的形状,你无法区分出自己看到的究竟是哪个尺度的海岸线。类似的还有山脊、雪花,以及天体每个层级的公转无不显现出分形的特质。同样,在市场中,艾略特的波浪理论清晰地展示了各个浪级之间的关系。但是和自然界所有其他分形一样相似但不尽然。你无法发现两条完全一样的海岸线,也无法看到两组完全一样的波浪形态。

遗憾的是,凯恩斯主义者永远也不认同人类经济活动遵循分形的规律。勤俭节约对个人和家庭是美德,但到了社会层级,就变成了坏事。

凯恩斯主义者还把人类意志独立在自然之外,相信依靠人的力量可以扭转经济走势。一旦经济低迷,就用放松货币的方式实施刺激,从而实现恒久增长,彻底消除起伏不定的经济周期。总而言之,就是"人定胜天"。他们相信,市场不必由"虚无缥缈"的自然规律左右,而完全可以依靠决策者的财政或货币政策来控制。

"相信自然"与"相信意志",是两套水火不容的信念。信念的区别决定了思维的差异。例如,看涨黄金与看涨美元就是一个典型。前者在"自然阵营",相信天然货币、相信滥发钞票定会诱发恶性通胀的自然规律；后者则处于"意志与强权阵营"，信任人造货币（还有"国债"），其逻辑是"美元是国际储备货币""强势美元最符合美国利益"。

信念的分歧会产生交易。有人可能会问：黄金从200美元上升到1 900美元，为什么却总是有人愚蠢地卖出或做空？如果你认为市场是自然的函数，就应该顺应市场；若相信人的意志（或强权意志）可以改变市场，相信"人定胜天"，那么就会本能地选择与市场对抗。

自里根政府大力缩减政府职能，将很多原来由国家控制的工业放手推向市场以来，美国人一直陶醉在自由经济耀眼迷离的光环之中。20世纪60年代总共只占到美国国民生产总值的4%的金融业和保险业在放开监管的宽松环境里追逐利益迅速膨胀，到2006年已经占到了国民生产总值的8%。这个庞大体系内的游戏参与者以超过自身资金储备几十甚至几百倍的杠杆率相互借贷套利并转嫁风险，在没有裁判的情况下攫取似乎没有穷尽的利润。

但席卷全球的金融风暴让美国人从云端跌落下来。2008年2月份，29万处房产因房主无法还贷而收到强制拍卖通知，比前一年同期再上升30%。3月份全美失业人口数达到1 320万，失业率再创新高达到8.5%。摔得鼻青脸肿的人们，带着满身伤痛互相质问："这到底是为什么？其实这正是自由市场信念过度的结果。

因此，用人的意志来左右市场，或许只会给信奉自然的信徒们一个无风险的交易机会而已。如果违背经济规律，风险将无处不在。

⋯⁜ "债务"跟着"资产"走——资本收腰术 ⁜⋯

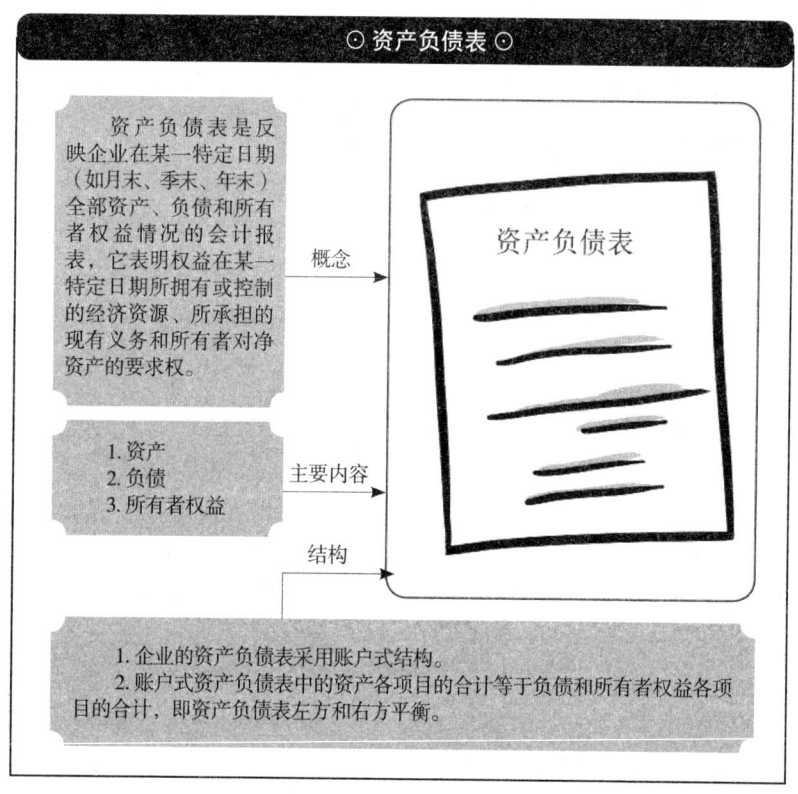

⊙ 资产负债表 ⊙

资产负债表是反映企业在某一特定日期（如月末、季末、年末）全部资产、负债和所有者权益情况的会计报表，它表明权益在某一特定日期所拥有或控制的经济资源、所承担的现有义务和所有者对净资产的要求权。

→ 概念 → 资产负债表

1. 资产
2. 负债
3. 所有者权益

→ 主要内容

结构

1. 企业的资产负债表采用账户式结构。
2. 账户式资产负债表中的资产各项目的合计等于负债和所有者权益各项目的合计，即资产负债表左方和右方平衡。

我们要理解债务和资产的关系，必须先领会下面这个等式：资产＝负债＋所有者权益。

简单地讲，资产是一家公司所拥有的可以计量的经济资源，负债是指公司的债务，而所有者权益（净资产）也就是公司资产减去负债的余额，它是公司股东真正享有的财产。资产、负债与所有者权益这三个概念中，最易理解的是负债，也就是欠了别人的钱（或者货物等有形资产、无形资产）。所有者权益属于账面概念。负债可以通过各种凭证和票据、协议、合同等查询。但所有者权益不同，其数额是通过资产减去负债演示出来的。

所谓资产指企业拥有或控制的能以货币计量的经济资源，包括各种财产、债权和其他权利。资产按其流动性（即资产的变现能力和支付能力）划分为：流动资产、固定资产、长期资产、无形资产、递延资产、生物资产和其他资产等。从本质上讲，资产是一种经济资源，通过使用这种资源，可以给企业带来经济利益。了解第一恒等式的平衡关系，可以透过资产负债表了解上市公司的任何一项涉及资产负债表的经营活动，投资者都要从多方面评估其表象和后果，这样才能准确地把握经营活动的真正意义。

为了更加明确和凸显流动资产与流动负债的关系，反映上市公司的短期偿还能力，我们一般会使用流动比率：流动比率＝流动资产/流动负债。

通过经验及大量数据表明。一般而言，制造类上市公司合理的最佳流动比率是2，最低也至少要大于1。这是因为，在流动资产中，变现能力最差的存货约占流动资产的一半，其余流动性较大的各类流动资产至少要等于流动负债，只有这样，公司的短期偿债能力才会有保证。因此，流动比率越高说明公司的偿债能力也就越强。

但是，值得投资者注意的是有时候流动比率高，并不是一家优秀公司的标志。相反，流动比率接近1，往往是一家优秀公司的表现。

比如某家电连锁零售企业，该公司2008年第三季度报告显示，其流动资产与流动负债的比值是1.28。从一般的角度看，这个比值已经很低了，似乎风险不小。但仔细研究其短期负债构成就会发现，真正的短期借款（银行短期贷款）只有2.18亿元，在流动负债总额159亿元中，所占比例很低，而流动负债中占大比例的是应付票据与应付账款，两者共计144亿元。

我们可以推测，应付票据与应付账款的形成，是由于先进了家电制造商的货去出售，但进货的钱还没有付给这些供货商。

这实际上意味着，这家企业在利用供货商的资金去经营自己的业务，而且这种借款不用付利息。综上所述，投资者在遇到上市公司流动比率较低时，不可一味地高估其短期偿债风险，而是要仔细研究其流动负债构成与流动资产构成，同时结合其所经营的业务进行分析。

一般来说出于风险控制的考虑，银行给一些企业贷款，往往倾向于贷短不贷长，也就是希望提供短期贷款而不是长期贷款。因为长期贷款还款时间过长，风险随之增加。但反过来，企业去银行贷款，一般会倾向于借长不借短。因为长期借款可以大幅降低上市公司短期内的还本付息压力。

长期借款与短期借款之比，体现了银行对公司盈利能力与偿债能力的信心，投资者可以根据银行对企业的偿债能力考量来作为评估企业价值的一个标准。

资产与负债的关系涉及一个比率就是资产负债率（Debt Asset ratio），它是指公司年末的负债总额同资产总额的比率。这个比率表示公司总资产中有多少是通过负债筹集的，该指标是评价公司负债水平的综合指标。同时也是一项衡量公司利用债权人资金进行经营活动能力的指标，也反映债权人发放贷款的安全程度。

资产负债率的计算公式为：资产负债率=负债总额/资产总额×100%。

其中负债总额是指公司承担的各项负债的总和，包括流动负债和长期负债。资产总额是指公司拥有的各项资产的总和，包括流动资产和长期资产。这个比率对于债权人来说越低越好。因为公司的所有者（股东）一般只承担有限责任，而一旦公司破产清算时，资产变现所得很可能低于其账面价值。所以如果此指标过高，债权人可能遭受损失。当资产负债率大于100%，表明公司已经资不抵债，对于债权人来说风险非常大。

如何判断资产负债率是否合理？要判断资产负债率是否合理，首先要看你站在谁的立场。资产负债率这个指标反映债权人所提供的负债占全部资本的比例，也被称为举债经营比率。

从债权人的立场看他们最关心的是贷给企业的款项的安全程度，也就是能否按期收回本金和利息。如果股东提供的资本与企业资本总额相比，只占较小的比例，则企业的风险将主要由债权人负担，这对债权人来讲是不利的。因此，他们希望债务比例越低越好，企业偿债有保证，则贷款给企业不会有太大的风险。

从股东的角度看由于企业通过举债筹措的资金与股东提供的资金在经营中发挥同样的作用，所以，股东所关心的是全部资本利润率是否超过借入款项的利率，即借入资本的代价。在企业所得的全部资本利润率超过因借款而支付的利息率时，股东所得到的利润就会加大。如果相反则对股东不利，因为借入资本的多余的利息要用股东所得的利润份额来弥补。因此，从股东的立场看，在全部资本利润率高于借款利息率时，负债比例越大越好，否则反之。

从经营者的立场看如果举债很大，超出债权人心理承受程度，企业就借不到钱。如果企业不举债，或负债比例很小，说明企业畏缩不前，对前途信心不足，利用债权人资本进行经营活动的能力很差。

因此企业应当审时度势，全面考虑，在利用资产负债率制定借入资本决策时，必须充分估计预期的利润和增加的风险，在二者之间权衡利害得失，做出正确决策。

…※ 哪个城市更适合我们生存——生活成本 ※…

⊙ 生活成本高成为心理压力主因 ⊙

根据调查，50%的人认为压力主要来源于高昂的生活成本。

物价与房价的日益高涨，已经将工资的上涨速度远远抛在后面。这加大了职场人的生存压力，使以工作维持生计的职场人更无可奈何，进而在工作中渴望通过升职、跳槽等方式来增加收入。这也从侧面加剧了职场竞争，使职场人际关系更复杂，工作负荷更大。

调查结果显示，神经紧张，时常感到焦虑，会因为一些小事而烦躁不安的人占到67%；其次，表示睡眠差，情绪低沉忧郁，缺乏食欲，胸闷，乏力，觉得生活没有乐趣的人过半，占到54%；产生强迫性观念或行为的人占18%。

占到半数的人表示情绪低沉忧郁，整日闷闷不乐，这是抑郁性神经症的潜在倾向，也就是我们所俗称的抑郁症。抑郁症往往会在遭受神经刺激后发病，出现难以排解的抑郁心境，严重时会出现自杀想法或行为。

面对压力，64%的人表示会积极调整心态，正确认识自己，避免进一步自我纠结，导致心理疾病。专家表示，职场人面对压力能够懂得调整心态和积极面对生活，是避免产生心理疾病的首要。对自己的时间进行合理安排，发展兴趣爱好，是分散压力的聪明方法，让人把无谓的压力抛在脑后的同时，调整精神状态，更可以进一步发掘自我价值，对生活树立信心。

随着全球化的发展，"城市生活质量"已经成为今天"地球村"里许多居民非常关注的问题。2009年7月7日，美国著名咨询公司美世公司（Mercer）发布了《2009年全球城市生活成本排名》调查报告。报告显示，日本首都东京成为全球生活成本最高的城市。北京的排名跃居前十，香港、上海、深圳、广州排名前25位。在这份调查报告中，调查者选取了全球六个大洲的143座城市作为调查对象，对各个地区200多个项目的花费进行了比较，其中包括住房、交通、食品、服装、家用品、娱乐消费等。在比较过程中，调查人员将美国生活费用最高昂的城市纽约作为评判标准，其指数为100，其他城市的指数都同纽约对比。第一名东京的指数为143.7，最后一名约翰内斯堡的指数为49.6。

在这份排名榜上，位于前25名的城市大多属于发达国家；而在这"25强"中，中国内地城市就占据了四个席位。

在生活成本升高的前提下，城市中的两类人群明显呈现出了不同的生活状态。以北京为例，大多数本地人口由于住房有保障，并且社会保障很齐全，个人收入也随着经济增长而提高。因此，生活成本的提高对他们不会带来太多的压力，而他们的生活质量可以得到提升。但对于在北京工作的外地务工者而言，收入增长速度赶不上生活成本的提高速度，这使得他们的压力越来越大，生活质量也会因此受到影响。

假设一个外地人在北京，他一个月最基本的生活费用应该达到多少呢？我们不妨举一个"北漂族"的具体例子。

小黄在2008年大学毕业后只身来到北京，在中关村的一家私营企业找到一份工作，月收入大约3 000元。小黄在朝阳区某地与他人合租了一套二居室，一个月的房租为1 500元。每天早餐需要3元，午餐需要10元，晚餐需要10元，每个月的食物消费大约700元。每天的交通费大约需要5元，因此一个月的交通费大约150元。每个月日常用品费和服装费用大约400元。此外，手机通信费大约需要100元。我们综合一下这些花费，一共2 850元。值得注意的是，这些计算并没有包括他的交际费用以及娱乐费用等，如果将这些也考虑进去的话，小黄真的"入不敷出"了。小黄的花费高吗？其实这是最基本的生活费用了。

为什么身在发展中国家的我们，会"享受"着发达国家的生活成本呢？我国正处于改革开放后30年高速发展的积累期，各地在城市化进程中，所需的生产要素大部分都向北京、上海、深圳、广州等大型城市集中。这些要素包括劳动力、资本、技术等。大城市在日渐繁华的同时，流动人口也大大增加，物质消费需求和住房需求也越来越大，这些推高了城市的生活成本。

在北京、上海等大城市里工作、生活的人，外地人口占很大比例。在户籍制度的保障下，本地居民的生活质量随着城市发展迅速上升，但外地人的生活质量并不同步。

就目前来看，在北京等大城市要降低生活成本没有立竿见影的方法，政府应该通过一些经济手段控制房价及房租，减少其占劳动者收入支配的百分比，并尽量给外地务工者提供更完善的社会保障制度，才有可能降低他们的生活成本。

基础篇 走进金融的世界

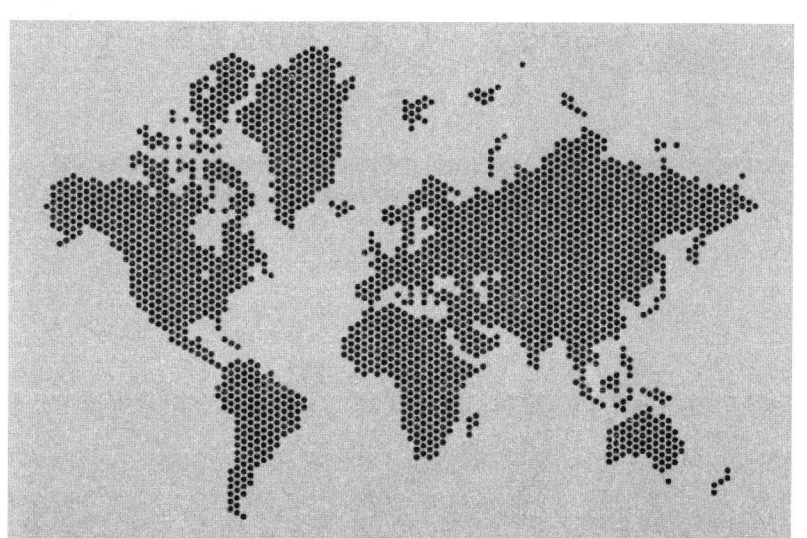

Chapter 5

一场金融学的启蒙

⋯※ 货币的含义：从"钱"是什么东西 ※⋯

⊙ 货币的定义 ⊙

卖气球的人之所以愿意接受小孩的钱，是因为他事先就认可了该钱币的通用功能。如果是假币，卖气球的人不会接受，假币是没有通用功能的。

小女孩手里的货币既可以用来购买气球，也可以用来购买其他一切在购买能力范围之内的物品。

小孩用钱币去购买气球，是因为她相信其他人会接受这枚纸币代表的价值。

>> 在经济学中，货币有严格的定义，特指在市场中人们用来向其他人购买物品与劳务的一种资产货币，具有能直接交换的功能，这使它可以与代表财富的股票、债券、基金等分开。

　　魏晋时期有个重臣名王衍，字夷甫。王夷甫是"竹林七贤"之一王戎的胞弟，和王戎一样是闻名的风流名士，为人清高，从不说及"钱"字。他视钱为堕落肮脏的化身，从来不碰。一日，他的妻子想试一试他，就把铜钱串起来在他的床边绕了一圈。王夷甫醒来，无法下床，便大声呼叫婢女："快拿开阿堵物!""阿堵物"，是当时人的口语，意思是"这个东西"。由于王衍的这个典故，从此，"阿堵物"成了"钱"的别名，并且带有轻蔑的意味。

"钱"实际上就是货币的俗称。世人对它褒贬不一，有人把它与宝贵的时间相提并论。时间就是金钱；也有人视为粪土，大骂它是人类灵魂的迷药。那么，钱到底是个什么东西呢？

了解金融学，首先要了解货币。货币是开启金融学的一把钥匙。虽然我们每天都与货币打交道，但真正了解它的人并不多。比如说，你能想象随处可见的贝壳曾经是古代通用的"钱"吗？从历史上说，人类的货币经历了实物货币、金属货币、信用货币地演变。除了玉米，贝壳、布帛、可可豆、鲸鱼牙等都曾经被当作货币使用。

是什么让货币这么神奇？似乎什么东西都可以拿来充当货币。

在历史上，不同地区都曾有过不同的商品被充当过货币，后来逐渐过渡为金银等贵金属。而随着商品生产的发展和交换的扩大，金银等贵金属的供应越来越不能满足对货币日益增长的需求，所以后来又出现了纸币。到20世纪时，金银等金属货币渐渐地退出了货币舞台，纸币和银行支票成为各国主要的流通手段和支付手段。

那么，世界上有那么多的货币，我们使用的又是哪一个币种呢？

通常情况下，一个国家只使用一种纸币，并由中央银行发行和控制。不过也有多个国家使用同一种货币的。如欧盟国家普遍使用欧元，欧元是在欧洲联盟内部自由流通的等值货币。另外，一个国家也可以选择别国的货币作为法定流通货币，如巴拿马就选择美元作为法定货币。而在英国，在不同的自治体还可发行不同版的货币，英格兰、苏格兰或甚至偏远岛的泽西岛、根西岛都拥有各自发行的不同版本的英镑，并且可以在英国境内的所有地区交易。但是只有英格兰英镑才是国际社会唯一承认的交易货币，其他版本的英镑在英国境外可能会被拒绝收受。

如果要了解金融在经济活动中所起的作用，仅仅这些还不够，货币的本质才是我们最需要了解的东西。美国经济学家哈伯特曾有一句名言：

"在一万人中只有一人懂得通货问题，而我们每天都碰到它。"这里这个"它"指的就是货币。货币貌似简单，实际上却很复杂。

19世纪中叶英国有一位议员格莱顿曾经说过这样一句话，"在研究货币本质中受到欺骗的人，比谈恋爱受欺骗的人还要多。"自从经济学产生以来，关于"货币"这个问题经济学家们争论不休，直到今天，依然存在一些争论。相比之下，马克思关于货币的定义显得更为让人信服。

马克思的理论认为，货币是充当一般等价物的特殊商品，是商品交换发展和价值形态发展的必然产物。在发达的商品经济中货币执行着五种职能：价值尺度、流通手段、支付手段、贮藏手段和世界货币。概括起来说，货币主要有三项主要功能：交易媒介、记账单位和价值储藏。

交易媒介指的是每个人都可以把自己的东西换成货币，然后去购买自己所需要的其他东西；记账单位是指货币可以作为经济社会中价值衡量的手段，如同用斤两称重一样，货币可以被用来衡量商品和服务的价值；价值储藏是指货币具有跨越时间段的购买力，因此货币有储藏价值。这一点十分重要，因为人们并不想在获得收入时就全部花掉。

····※ 商品货币——从"以物易物"到货币做"媒"※····

⊙ 货币的种类 ⊙

货币按历史时间来说，可分为实物货币、金属货币、纸币和信用货币。

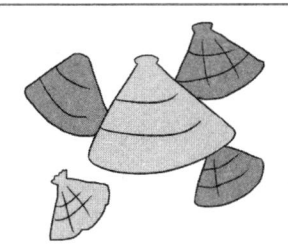

>> 实物货币——指作为货币用途的价值与其非货币用途的商品价值相等的货币。龟壳、海贝、米粟、布帛，牲口等都曾作为实物货币被使用过。

>> 金属货币——指以金属为材料铸成一定形状的货币，分金币、银币和铜币等多种。

>> 纸币——国家发行和强制流通的价值符号。世界上最早使用纸币的国家是中国。北宋时期的交子就是典型的纸币，元、明、清发行的宝钞，也属于典型的纸币。

>> 信用货币——广义指充当支付手段和流通手段的各种信用凭证，包括银行券、汇票、银行支票等。狭义指银行信用货币，就是银行券和银行支票。

远古时期，人类的祖先以狩猎为生。开始时，由于狩猎工具非常原始，捕获的猎物常常不够吃，所以猎物都是由部落统一分配。后来，部落里有一个聪明的小伙子发明了弓箭，捕获的猎物就多了起来。但是这个做弓箭的人自己亲自参加捕猎所获得的食物却没有他制作一张弓与别人交换得到的食物多，于是他索性不参加狩猎了，一心制作弓箭，然后与别人交换食物。于是，部落里由此出现了分工和交换。后来，随着分工的扩大，又出现了一些制作别的物品的人，他们也像这位聪明的小伙子一样拿自己制作出来的物品去交换自己所需要的东西。

《周易·系辞传》里说道："日中为市，召天下之民，聚天下之货。交易而退，各得其所而货通。"这里说的就是以物易物的场景。它的意思是，中午的时候形成市场，把附近的很多货物都聚集起来，人们前来进行交换，各自进行交易后离开，每个人都得到了自己需要的货物。

但是这种交换有一种弊端，就是无法实现等价交换。为了实现等价的交换，人们就用一种其他的东西作为交换的媒介，比如法国人用兽皮，阿兹特克人用可可豆，印度原始居民用杏仁，玉米等等，这些东西就是原始的商品货币。从此，人类开始以货币作为商品交换的媒介，结束了单纯"以物易物"的年代。

美国著名的金融学家米什金在其著作《货币金融学》中提到，任何履行货币功能的物品必须是被普遍接受的——每个人都愿意用它来支付商品和服务。一种对任何人而言都具有价值地物品是最有可能成为货币的。于是，经过长期地自然淘汰，商品货币发展到后期，人们自然的选择金银等贵金属作为支付货币。使用金属货币的好处是它需要人工制造，无法从自然界大量获取，同时还易储存。于是，数量稀少的金、银和冶炼困难的铜逐渐成为主要的货币金属。

随着文明的发展，人们逐渐建立了更加复杂而先进的货币制度。人们开始铸造重量、成色统一的硬币。这样，在使用货币的时候，既不需要称重量，也不需要测试成色，方便得多。硬币上面通常印有国王或皇帝的头像、复杂的纹章和印玺图案，以免伪造。

中国最早的金属货币是商朝的铜贝。商代在我国历史上也称青铜器时代，当时相当发达的青铜冶炼业促进了生产的发展和交易活动的增加。于是，在当时最广泛流通的贝币由于来源的不稳定而使交易发生不便，人们便寻找更适宜的货币材料，青铜币应运而生，人们将其称为铜币。随着冶炼技术的发达，铜不再是稀贵的金属，人们开始用更加难以获得的金和银作为铸造硬币的金属材料。此后相当长的一段时间内，金银都是被普遍使用的货币。16世纪，哥伦布发现"新大陆"，大量来自美洲的黄金和白银通过西班牙流入欧洲，金银货币更加得到了在世界范围内的流通。

在金融学中，由贵金属或是其他有价值的商品构成的货币统称为商品货币。

在人类发展的很长一段时间内，几乎在任何一个国家和社会中，金属货币都发挥了交易媒介的功能。但随着人类文明的进程，金属货币还是被淘汰了，原因在于金属货币太重了，使用不方便，并且流通困难，很难从一地运送到另一地。

因此，纸币也就应运而生了。

····※ 货币功能：货币为什么能买到世界上所有的商品 ※····

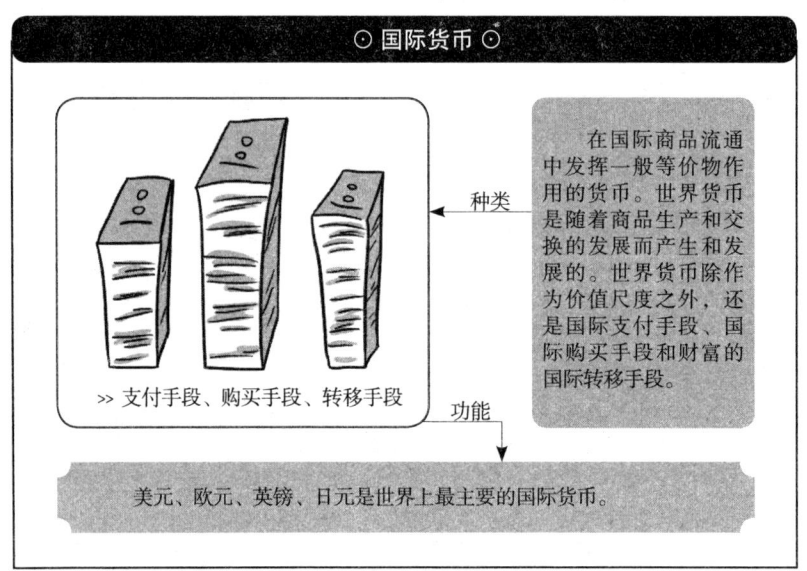

⊙ 国际货币 ⊙

种类

在国际商品流通中发挥一般等价物作用的货币。世界货币是随着商品生产和交换的发展而产生和发展的。世界货币除作为价值尺度之外，还是国际支付手段、国际购买手段和财富的国际转移手段。

>> 支付手段、购买手段、转移手段

功能

美元、欧元、英镑、日元是世界上最主要的国际货币。

　　经济学家艾文只能做一件事：讲授经济学原理。物物交换的经济社会中，如果艾文想要获得食物，他就必须找到一个农场主，这个农场主必须既生产他所喜欢的食物，又想学习经济学。可以想象，这需要一定的运气和大量的时间。如果我们引入货币，情况又如何呢？艾文可以为学生讲课，收取货币报酬。然后艾文可以找到任何农场主，用他收到的钱购买他所需要的食物。这样需求的双重巧合问题就可以避免了。艾文可以节省大量的时间，用这些时间，他可以做他最擅长的事：教书。

　　从这个例子中可以看到，货币大大降低了花费在交换物品和劳务上的时间，提高了经济运行的效率。同时，它使人们可以专注于他们最擅长的事情，同样也可提高经济运行的效率。因此，货币就是买卖的桥梁，是商品流通的中介。在一手交钱，一手交货的买卖中，货币承担着交易媒介的功能。从远古时期的贝壳，到后来的金银铜，再到纸币，再到现在的电子货币，货币的每一次进步都使买卖变得更加便利。

想要了解货币具有哪些功能，我们需要从以下几个方面来认识货币。

1. 价值尺度

正如衡量长度的尺子本身有长度，称东西的砝码本身有重量一样，衡量商品价值的货币本身也是商品，具有价值；没有价值的东西，不能充当价值尺度。

在商品交换过程中，货币成为一般等价物，可以表现任何商品的价值，衡量一切商品的价值量。货币在执行价值尺度的职能时，并不需要有现实的货币，只需要观念上的货币。例如，1辆自行车值200元人民币，只要贴上个标签就可以了。当人们在做这种价值估量的时候，只要在他的头脑中有多少钱的观念就行了。用来衡量商品价值的货币虽然只是观念上的货币，但是这种观念上的货币仍然要以实在的货币为基础。人们不能任意给商品定价，因为，在货币的价值同其他商品之间存在着客观的比例，这一比例的现实基础就是生产两者所耗费的社会必要劳动量。

商品的价值用一定数量的货币表现出来，就是商品的价格。价值是价格的基础，价格是价值的货币表现。货币作为价值尺度的职能，就是根据各种商品的价值大小，把它表现为各种各样的价格。例如，1头牛价值2两黄金，在这里2两黄金就是1头牛的价格。

2. 交换媒介

在商品交换过程中，商品出卖者把商品转化为货币，然后再用货币去购买商品。在这里，货币发挥交换媒介的作用，执行流通手段的职能。

在货币出现以前，商品交换是直接的物物交换。货币出现以后，它在商品交换关系中则起媒介作用。以货币为媒介的商品交换就是商品流通，它由商品变为货币（W—G）和由货币变为商品（G—W）两个过程组成。由于货币在商品流通中作为交换的媒介，它打破了直接物物交换和地方的限制，扩大了商品交换的品种、数量和地域范围，从而促进了商品交换和商品生产的发展。

由于货币充当流通手段的职能，使商品的买和卖打破了时间上的限制，一个商品所有者在出卖商品之后，不一定马上就买；也打破了买和卖空间上的限制，一个商品所有者在出卖商品以后，可以就地购买其他商品，也可以在别的地方购买任何其他商品。

3. 贮藏手段

货币退出流通领域充当独立的价值形式和社会财富的一般代表而储存起来的一种职能。

货币作为贮藏手段，是随着商品生产和商品流通的发展而不断发展的。在商品流通的初期，有些人就把多余的产品换成货币保存起来，贮藏金银被看成是富裕的表现，这是一种朴素的货币贮藏形式。随着商品生产的连续进行，商品生产者要不断地买进生产资料和生活资料，但他生产和出卖自己的商品要花费时间，并且能否卖掉也没有把握。这样，他为了能够不断地买进，就必须把前次出卖商品所得的货币贮藏起来，这是商品生产者的货币贮藏。随着商品流通的扩展，货币的权力日益增大，一切东西都可以用货币来买卖，货币交换扩展到一切领域。谁占有更多的货币，谁的权力就更大，贮藏货币的欲望也就变得更加强烈，这是一种社会权力的货币贮藏。货币作为贮藏手段，可以自发地调节货币流通量，起着蓄水池的作用。

4. 支付手段

货币作为独立的价值形式进行单方面运动（如清偿债务、缴纳税款、支付工资和租金等）时所执行的职能。

因为商品交易最初是用现金支付的。但是，由于各种商品的生产时间是不同的，有的长些，有的短些，有的还带有季节性。同时，各种商品销售时间也是不同的，有些商品就地销售，销售时间短，有些商品需要运销外地，销售时间长。商品的让渡同价格的实现在时间上分离开来，即出现赊购的现象。赊购以后到约定的日期清偿债务时，货币便执行支付手段的职能。货币作为支付手段，开始是由商品的赊购、预付引起的，后来才慢慢扩展到商品流通领域之外，在商品交换和信用事业发达的经济社会里，就日益成为普遍的交易方式。

在货币当作支付手段的条件下，买者和卖者的关系已经不是简单的买卖关系，而是一种债权债务关系。货币一方面可以减少流通中所需要的货币量，节省大量现金，促进商品流通的发展。另一方面，货币进一步扩大了商品经济的矛盾。在赊买赊卖的情况下，许多商品生产者之间都发生了债权债务关系，如果其中有人到期不能支付,就会引起一系列的连锁反应，使整个信用关系遭到破坏。

5. 世界货币

货币在世界市场上执行一般等价物的职能。由于国际贸易的发生和发展，货币流通超出一国的范围，在世界市场上发挥作用，于是货币便有世界货币的职能。作为世界货币，必须是足值的金和银，而且必须脱去铸币的地域性外衣，以金块、银块的形状出现。原来在各国国内发挥作用的铸币以及纸币等在世界市场上都失去作用。

在国内流通中，一般只能由一种货币商品充当价值尺度。在国际上，由于有的国家用金作为价值尺度，有的国家用银作为价值尺度，所以在世界市场上金和银可以同时充当价值尺度的职能。后来，在世界市场上，金取得了支配地位，主要由金执行价值尺度的职能。

国际货币充当一般购买手段，一个国家直接以金、银向另一个国家购买商品。同时作为一般支付手段，国际货币用以平衡国际贸易的差额，如偿付国际债务，支付利息和其他非生产性支付等。国际货币还充当国际间财富转移的手段，货币作为社会财富的代表，可由一国转移到另一国，例如，支付战争赔款、输出货币资本或由于其他原因把金银转移到外国去。在当代，世界货币的主要职能是作为国际支付手段，用以平衡国际收支的差额。

⋯※ 电子货币：货币史上的飞跃 ※⋯

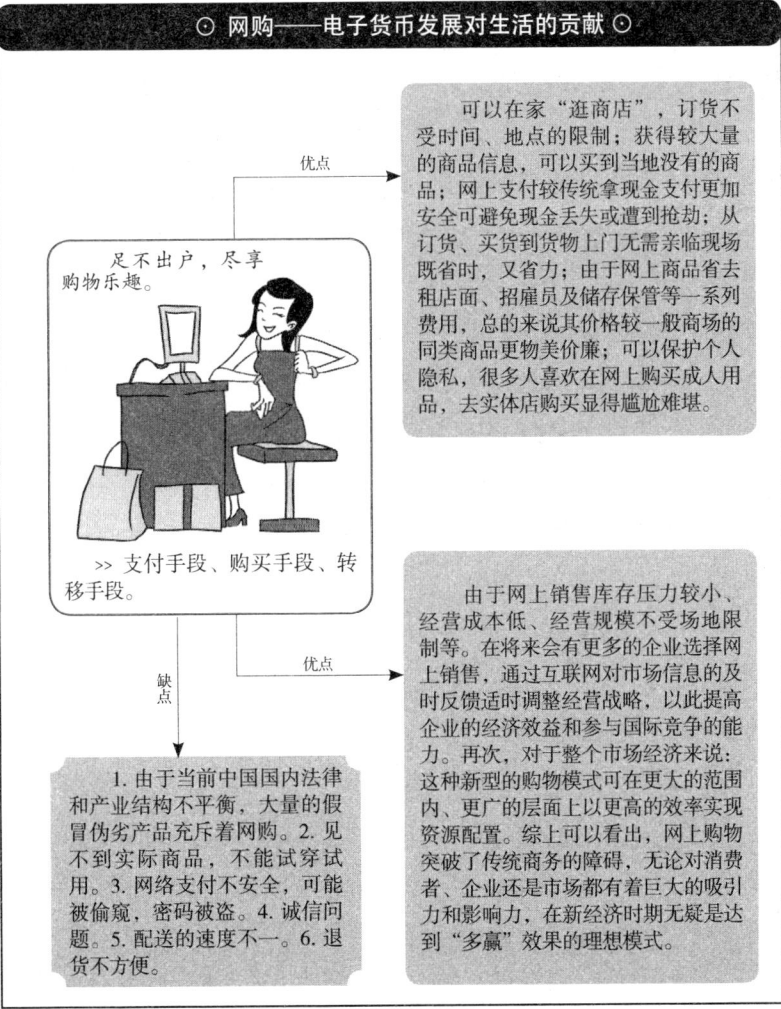

⊙ 网购——电子货币发展对生活的贡献 ⊙

足不出户，尽享购物乐趣。

>> 支付手段、购买手段、转移手段。

优点

可以在家"逛商店"，订货不受时间、地点的限制；获得较大量的商品信息，可以买到当地没有的商品；网上支付较传统拿现金支付更加安全可避免现金丢失或遭到抢劫；从订货、买货到货物上门无需亲临现场既省时，又省力；由于网上商店省去租店面、招雇员及储存保管等一系列费用，总的来说其价格较一般商场的同类商品更物美价廉；可以保护个人隐私，很多人喜欢在网上购买成人用品，去实体店购买显得尴尬难堪。

优点

由于网上销售库存压力较小、经营成本低、经营规模不受场地限制等。在将来会有更多的企业选择网上销售，通过互联网对市场信息的及时反馈适时调整经营战略，以此提高企业的经济效益和参与国际竞争的能力。再次，对于整个市场经济来说：这种新型的购物模式可在更大的范围内、更广的层面上以更高的效率实现资源配置。综上可以看出，网上购物突破了传统商务的障碍，无论对消费者、企业还是市场都有着巨大的吸引力和影响力，在新经济时期无疑是达到"多赢"效果的理想模式。

缺点

1.由于当前中国国内法律和产业结构不平衡，大量的假冒伪劣产品充斥着网购。2.见不到实际商品，不能试穿试用。3.网络支付不安全，可能被偷窥，密码被盗。4.诚信问题。5.配送的速度不一。6.退货不方便。

货币的每一次演变都让人惊奇。电子货币更是货币史上一次神奇的改变。近年来，随着网络商业化的发展，电子商务化的网上金融服务已经开始在世界范围内开展。

6月，北京正值盛夏，一直热衷于网购的小岩在客厅里一边吃西瓜，一边在线浏览琳琅满目的商品。这一次，在澳大利亚的一个网站上，她看上了一款澳洲本地产的羊皮袄，通过"海外宝"的几步简单点击操作，便很快将它收入囊中。2008年6月11日，国内最大的独立第三方支付平台——支付宝公司（www.alipay.com.cn）与澳大利亚领先的在线支付公司——Paymate公司建立的中文购物平台"海外宝"正式上线。Paymate公司将澳大利亚实体店铺商家的商品放在平台上，由于这个平台支持支付宝作为支付工具，通过统一的物流派送，所以中国的消费者可以和在国内购物网站上购买商品一样的方式，方便地购买到来自澳大利亚的各种商品。

难以置信，人们足不出户，就可以坐在家里在网上商店购买商品，鼠标一点就可以完成货币支付。走进商场购物，也不需要带上厚厚的现金，只要带一张薄薄的磁卡，轻轻一刷输入密码就可以完成交易。甚至出国旅行，也只需要带上一张小小的磁卡就可以了。这就是电子金融服务。它的特点是通过电子货币在网络上进行及时电子支付与结算。通过它，人们可随时随地完成购物消费活动，进行货币支付。

网购实际上就是网上金融服务的一种，此外还有，网上消费、家庭银行、个人理财、网上投资交易、而这一切，全都依赖于电子货币的产生和发展。

电子货币是指以金融电子化网络为基础，以商用电子化机具和各类交易卡为媒介，以电子计算机技术和通信技术为手段，以电子数据形式存储在银行的计算机系统中，并通过计算机网络系统以电子信息传递形式实现流通和支付功能的货币。

电子货币的出现方便了人们外出购物和消费。电子货币通常在专用网络上传输，通过设在银行、商场等地的ATM机器进行处理，完成货币支付操作。电子支付手段大大减少了经济运行的成本。

长期以来，欧洲人采取的都是直接转账的方式，由银行直接为消费者支付账单转移资金。尤其芬兰和瑞典等互联网用户比例所占较高的国家，三分之二的交易都是通过电子方式完成的。芬兰和瑞典等国家网络银行客户的比例也超过了世界上其他的国家。

就现阶段而言，大多数电子货币是以即有的实体货币（现金或存款）为基础存在的具备"价值尺度"和"流通手段"的基本职能，还有"价值保存""储藏手段""支付手段""世界货币"等职能。由于电子货币使用十分方便，几乎所有的支付都可以用电子支付的方式完成，于是，人们提出一个构想：未来是否会进入一个无现金的社会？1975年，《商业周刊》曾经预言："电子支付方式不久将改变货币的定义，并将在数年后颠覆货币本身。"但电子货币由于缺乏安全性和私密性，短时间内并不能导致纸币体系的消亡。

正如美国作家马克·吐温所说："对现金消亡的判断是夸大其词了。"作为转移支付手段，大多数电子货币不能脱离现金和存款，只是用电子化方法传递、转移，以清偿债权债务实现结算。因此，现阶段电子货币的职能及其影响，实质是电子货币与现金和存款之间的关系。

⋯⋇ 虚拟货币，你真的不是钱吗 ⋇⋯

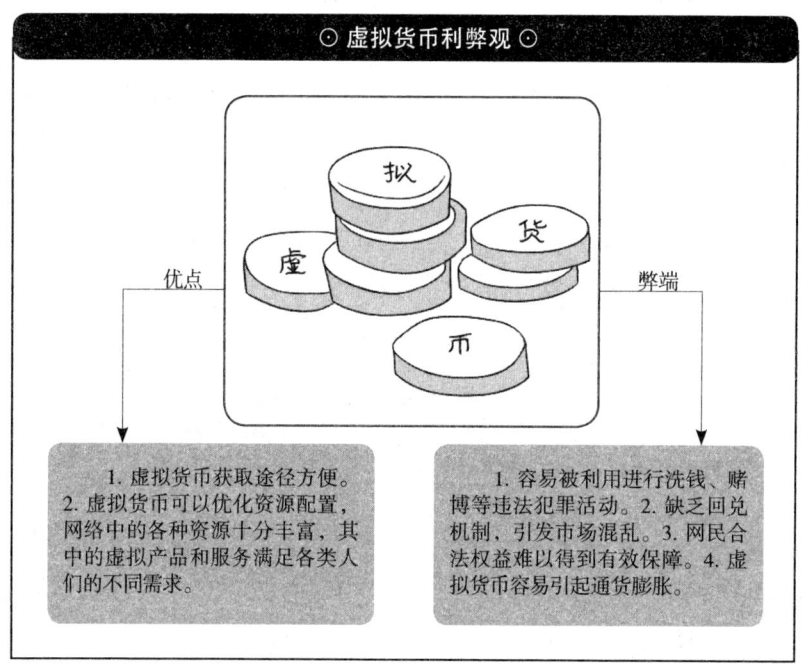

虚拟货币利弊观

优点

弊端

1. 虚拟货币获取途径方便。2. 虚拟货币可以优化资源配置，网络中的各种资源十分丰富，其中的虚拟产品和服务满足各类人们的不同需求。

1. 容易被利用进行洗钱、赌博等违法犯罪活动。2. 缺乏回兑机制，引发市场混乱。3. 网民合法权益难以得到有效保障。4. 虚拟货币容易引起通货膨胀。

说到虚拟货币，大家往往觉得那是一种不"实在"的东西，但实际上，我们都曾或多或少地与它打过交道。比如，银行电子货币就是一种初级阶段的虚拟货币，但是它只具有虚拟货币的形式，如数字化、符号化，而不具有虚拟货币最重要的特质——个性化。

虚拟货币种类虽然繁多，但就其本质而言不外乎三个种类。

1. 大多数人比较熟悉的游戏币

游戏玩家可用游戏币购买各种游戏道具以及各种装备，但不与现时流通的法定货币发生直接兑换关系。在互联网建立起门户和社区、实现游戏联网以后，虚拟货币便有了"金融市场"，玩家之间可以交易游戏币。

2. 门户网站或者即时通信工具服务商发行的专用货币

这种虚拟货币可用于购买该网站内的服务。其中使用最广泛的要数腾讯公司的Q币，Q币可用来购买会员资格、QQ秀等增值服务。

3. 虚拟货币

这种网络虚拟货币对金融系统的冲击较大。最典型的例子是美国贝宝公司发行的一种网络货币，这种货币可用于网上购物，消费者只要向公司提出申请，就可以将银行账户里的钱转成贝宝货币。实际上，这跟银行卡付款并没有太大区别，而且服务费要低得多，更重要的是，在进行国际交易时，交易者甚至不必考虑汇率。目前，西方类似贝宝这样的公司还有几家，不过中国还没有出现这类公司。

如今，网络虚拟货币已经越来越多地引人关注，随着腾讯公司QQ的普及，Q币也进入了我们的网络生活，成为使用最广泛的一种虚拟货币。现在在网上，Q币甚至可以用来购买其他游戏的点卡、虚拟物品，甚至一些影片、软件的下载服务等。在腾讯公司的网络游戏里，Q币可以兑换游戏币，它的使用甚至超出腾讯公司当初的预期。当然，同其他专用虚拟货币一样，Q币也存在线下的交易平台。既然存在线下交易，我们就不禁要问：Q币，你到底值几个钱？

其实对Q币真实价值的质疑，也是对于虚拟货币价值怀疑的一个缩影。

首先，虽然从表面上来看，虚拟货币似乎具有货币的某些特征，但人们并没有把它们当作真的货币来看待。货币的本质首先是流通的，其次才是一般等价物，而Q币等虚拟货币只是作为等价物的特殊商品而已。有交换功能不等于就是货币，虚拟货币作为特殊商品或许可以无条件用人民币来兑换，但它们本身不可以无条件地兑换成人民币。这说明它们与人民币的交换条件并不对等。

其次，货币具有保值功能，这是因为货币有贵重金属作为抵押。而虚拟货币是一种没有贵重金属作为抵押的信用凭证，它只能用服务商的商誉作为抵押，因此是不可靠的。

最后，也是最重要的一点，货币不光具有价值，而且是价值尺度；而虚拟货币不具有价值，并不能充当价值尺度。虚拟货币既不存在利率那样的资本价格水平尺度可以调节价值，也不存在存款准备金比率那种的通货价格水平尺度可以调节价值。

因此，目前虚拟货币还无法成为统一的"网络硬通货币"，即使Q币成为统一的虚拟货币，也无法脱离网络。

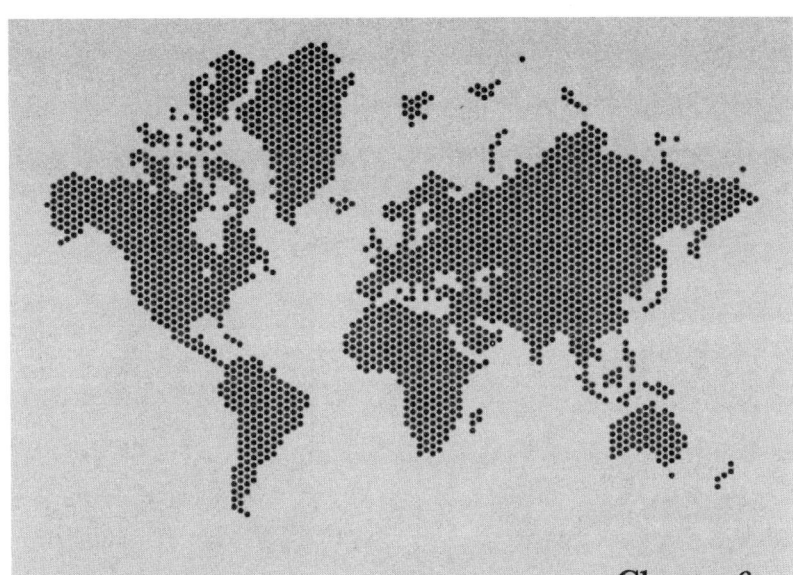

Chapter 6

金融体系中枢
——中央银行

···※ 中央银行：货币的发行者 ※···

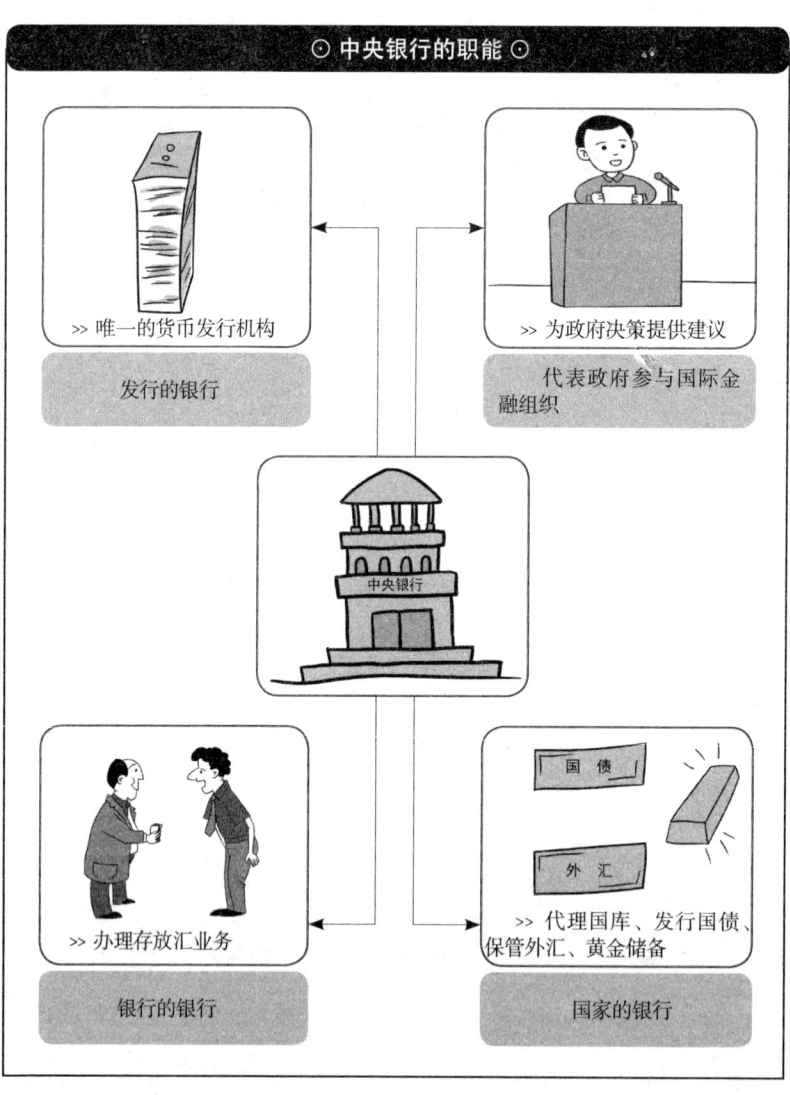

清代有没有中央银行呢？1897年5月27日成立中国通商银行，清政府授予其发行纸币特权。1904年3月14日清政府开始设计设立大清户部银行，1905年8月在北京成立户部银行，制定章程32条，授予户部银行铸造货币、代理国库、发行纸币之特权。这是中国最早的中央银行，发行的纸币实为银两兑换券。

1908年户部银行改名大清银行，发行的纸币同户部银行相差无几。清末钱庄、银钱店、官银局都发行纸币，有银两票、银元票、钱票等三种。都以当时银价定值，缴纳钱粮赋税均可通用，谁家发行由谁家负责兑现。既未规定发行限额，也未建立发行准备制度。

1909年6月清政府颁布《兑换纸币则例》19条，明确规定纸币发行权属于清政府，一切发行兑换事务统归大清银行办理，所有官商钱行号，一概不准擅自发行纸币。

这段记载可以看到中央银行的一个特征：货币发行垄断权。那么中央银行是怎样发行货币，怎样维持币值稳定的，人民币的发行程序又是怎样的呢？

钞票是大家再熟悉不过的东西，但你是否知道它们的来历？随意拿几张人民币，你会发现它们上面都印着"中国人民银行"的字样。世界上的其他许多地方也是如此：欧元钞票上印着"欧洲中央银行"，日元钞票上印着"日本银行"。钞票由中央银行独家印制和发行，这在许多国家都是如此。

中央银行发行一国货币，币值的稳定与否是一国经济是否健康的一个重要指标。如果一国货币在升值的话，就说明该国的经济是好的。如果大家都认可你都来要你的货币的时候，你的货币就会升值；如果大家都不相信你，都抛出你的货币，当然你的货币就要贬值。所以货币标志着一个国家的经济实力，它是一种信心的象征，人们愿意要这种货币是因为它的足值和稳定。如果市场上的货币太多，物价自然就会上涨。

那么如何防范中央银行滥发纸币呢?各国的货币发行制度因国情不同而内容各异，最核心的是设置发行准备金原则的区别。发行准备一般分为两种。一种是现金准备，包括有十足货币价值的金银条块、金银币和可直接用于对国外进行货币清算的外汇结存。另一种是保证准备（又称信用担保），即以政府债券、财政短期库券、短期商业票据及其他有高度变现能力的资产作为发行担保。从历史上看，货币发行准备金制度有过五种基本类型。

1. 十足现金准备制

十足现金准备制又称单纯准备制，即发行的兑换券、银行券要有十足的现金准备，发行的纸质货币面值要同金银等现金的价值等值，实际上这种纸质货币只是金属货币的直接代用品，只是为了便于流通。这种制度仅在金属货币时代适用。

2. 部分准备制

部分准备制又称部分信用发行制、发行额直接限定制、最高保证准备制。部分准备制最先在英国出现，其要点是由国家规定银行券信用发行的最高限额，超过部分须有百分之百的现金准备。随着发行权的集中，这种限额可以在一定限度内增加。

3. 发行额间接限制制

发行额间接限制制包括：①证券托存制，即以国家有价证券作为发行保证，在这种制度下，国家公债是银行券发行的保证，如1863年美国的《国民银行条例》；②伸缩限制制，即国家规定信用发行限额，经政府批准的超额发行须缴纳一定的发行税，1875年德国曾采用此制；③比例准备制，即规定纸币发行额须有一定比例的现金准备，如1913年美国的《联邦储备法》。

4. 最高限额发行制

最高限额发行制又称法定最高限额发行制，即以法律规定或调整银行券发行的最高限额，实际发行额和现金准备比率由中央银行掌握。法国自1870年起采用这一制度。以上发行准备金制度的实行，就可以在最大程度上保证中央银行无法滥发纸币，进而维持币值的稳定。

中央银行通过以上发行准备金制度的实行，就可以在最大程度上保证无法滥发纸币，进而维持币值的稳定。

⋯※ 央行的独立性：微妙的轻重 ※⋯

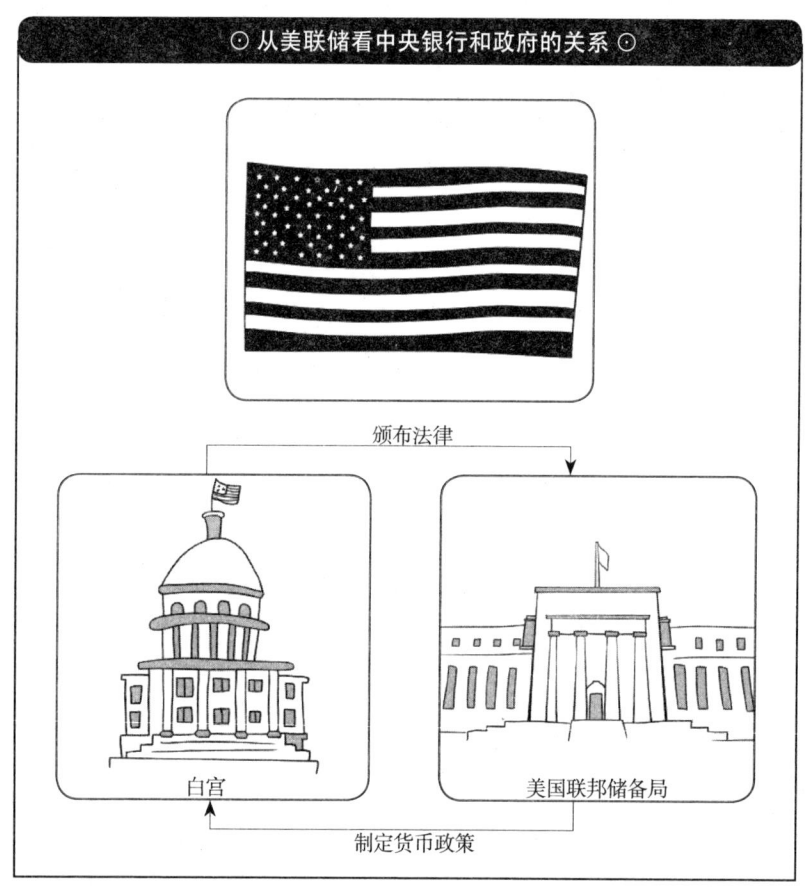

从美联储看中央银行和政府的关系 ⊙

颁布法律

白宫

美国联邦储备局

制定货币政策

　　1963年6月4日，美国总统肯尼迪签署了一份鲜为人知的1110号总统令，着令美国财政部"以财政部所拥有的任何形式的白银，包括银锭、银币和标准白银美元银币作为支撑，发行"白银券"，并立刻进入流通。

如果这个计划得以实施，那么将使美国政府逐渐摆脱当时必须从"美联储"借钱，并支付高昂利息的窘迫境地。"白银券"的流通将逐渐降低美联储发行的"美元"的流通度，很可能最终迫使美联储银行破产。美联储作为私有的中央银行，它的背后是国际财团的强大支撑。肯尼迪此举无疑为自己带来了危险。1963年11月22日，肯尼迪总统在得克萨斯州的达拉斯市遇刺身亡。分析人士从许多迹象中得出，这份关系到美联储货币发行权的总统1110号令很可能就是为肯尼迪带来杀身之祸的直接原因。

货币发行权是央行最基本的权力。保住央行的货币发行权，也是为了保住央行的独立性以及在经济中的地位。如果失去货币发行权，美联储将失去中央银行的地位，也意味着失去影响、控制美国经济的权力。美联储作为一个私有的中央银行，自成立以来就与美国政府保持着距离，这使得它的独立性得到了极大的发挥。美联储对于美国经济的作用是不言而喻的，也正因如此，美国历史上从来不缺少捍卫美联储的斗士。

随着历史的发展，美联储已经不仅仅是一个私有的银行，它作为中央银行的地位日趋稳固，它越来越倾向于扮演调节经济稳定的角色。在美联储独立性保卫战中，人们看到了保持央行独立性的重要性。中央银行的独立性是指中央银行履行自身职责时法律赋予或实际拥有的权力、决策与行动的自主程度。

中央银行的独立性比较集中地反映在中央银行与政府的关系上，这一关系包括两层含义：一是中央银行应对政府保持一定的独立性；二是中央银行对政府的独立性是相对的。

近年来，加强中央银行的独立性已成为全球的一种共识和趋势。纽约大学经济学家Nouriel Roubini指出，央行和政府之间的界限越来越模糊，通货膨胀虽然是政府最不能抗拒的事情，但央行失去独立性以及和政府之间的清晰界限对国民经济来说，将更加危险。

央行的独立性意味着货币政策不受其他政府部门的影响、指挥或控制。从广义上看，央行的独立性包含两层含义：一是中央银行目标的独立性，即央行可以自行决定货币政策的最终目标；二是央行政策工具的独立性，即央行可以自行运用货币政策工具。

提倡央行政策的独立性目的是要使央行从短期、短视的政治压力下解放出来。独立性有助于提高央行实现价格稳定的可靠性及其他好处。

央行独立性的程度即依赖于一系列可观察的因素，如法律差异，又依赖于某些不可观察的因素，如其他政府部门的非正式的安排等。

因此，要保证央行政策的独立性，需要做到以下几点：

（1）前提是央行对货币政策具有最终决策权；

（2）货币政策委员会成员具有较长的任期，而且重新任命的机会有限，这是央行顺利实施操作独立性的有效保证；

（3）将央行排除在政府工作分配之外，可以确保货币政策操作的独立性；

（4）确保央行不直接参与国债承销。

⋯❋ 世界各地的中央银行 ❋⋯

◉ 世界各地的中央银行 ◉

蒙古银行 ☆　　　　☆ 日本银行　　☆ BOC

中国人民银行 ☆　　　　朝鲜银行

印度共和国银行 ☆　　　　　　　　　☆ FRB

历史悠久的英格兰银行

英格兰银行是伦敦城区最重要的机构和建筑物之一。自1694年英国银行法产生，英格兰银行开始运作，之后逐步转换职能，1964年至今作为英国的中央银行，是全世界最大、最繁忙的金融机构。

英格兰银行是英国的中央银行，它负责召开货币政策委员会，负责制定国家的货币政策。

作为英格兰银行最初的任务是充当英格兰政府的银行，这个任务至今仍然有效。英格兰银行大楼位于伦敦市的Thread needle（针线）大街，因为历史悠久，它又被人称为"针线大街上的老妇人"。

英国的中央银行作为世界上最早形成的中央银行，成为各国中央银行体制的鼻祖。1694年根据英国国王特许成立，股本120万英镑，向社会募集。成立之初即取得不超过资本总额的钞票发行权，主要目的是为政府垫款。

1844年，英国国会通过《银行特许条例》（即《比尔条例》）。此后，英格兰银行逐渐垄断了全国的货币发行权，至1928年成为英国唯一的货币发行银行。与此同时，英格兰银行凭其日益提高的地位承担商业银行间债权债务关系的划拨冲销、票据交换的最后清偿等业务，在经济繁荣之时接受商业银行的票据再贴现，而在经济危机中则充当商业银行的"最后贷款人"，由此最终确立了"银行的银行"的地位。

拥有跨国业务的欧洲中央银行

欧洲中央银行是伴随着欧元的产生而产生的，其前身是设在法兰克福的欧洲货币局。欧洲央行的职能是维护欧元的稳定，管理主导利率、货币的储备和发行以及制定欧洲货币政策；其职责和结构以德国联邦银行为模式，独立于欧盟机构和各国政府之外。

欧洲中央银行是世界上第一个管理超国家货币的中央银行。独立性是它的一个显著特点，它不接受欧盟领导机构的指令，不受各国政府的监督。它是唯一有资格允许在欧盟内部发行欧元的机构，1999年1月1日欧元正式启动后，11个欧元国政府将失去制定货币政策的权力，而必须实行欧洲中央银行制定的货币政策。

欧洲中央银行的主要决策机构是由执行董事会和12个欧元国的央行行长共同组成的欧洲央行委员会，它负责确定货币政策和保持欧元区内货币稳定；欧洲央行扩大委员会由央行行长、副行长及欧盟所有15国的央行行长组成，其任务是保持欧盟中欧元国家与非欧元国家接触。

欧洲央行委员会的决策采取简单多数表决制，每个委员只有一票。货币政策的权力虽然集中了，但是具体执行仍由各欧元国央行负责。各欧元国央行仍保留自己的外汇储备。欧洲央行只拥有500亿欧元的储备金，由各成员国央行根据本国在欧元区内的人口比例和国内生产总值的比例来提供。欧元产生10年来，为欧盟国家经济稳定带来了巨大的好处，在国际社会纷纷对欧元的将来看好时，欧洲中央银行将继续发挥不可替代的作用，继续它光荣的使命。

美国联邦储备体系

美国联邦储备局（FED）为美国最高货币政策主管机关，负责保管商业银行准备金、对商业银行贷款及发行联邦储备券。FED共分三层组织，最高为理事会，其下是12个联邦储备银行和各储备银行的会员银行。

美国联邦储备局以"独立"和"制衡"为基本原则。在制衡方面，该局的七名理事（包括主席、副主席在内）悉由总统提名，并需经参议院同意。对于货币政策的决议，如调高或调低再贴现率，采用合议兼表决制，一人一票，并且为"记名投票"，主席的一票通常投给原本已居多数的一方。总统固然可以掌握理事与主席、副主席的提名，但一经参院通过，任期长达十四年，最多可能历任五任总统。

至于独立性方面，FED以人事独立与预算独立最为人称道，除理事会之外，另外还设有联邦公开市场操作委员会（FOMC），负责较长期的货币决策并依据外汇指导原则、外汇操作之授权作业与外汇操作程序进行外汇操作。

而美联储最让人惊奇的事情是它竟然是一家私有的中央银行。不夸张地说，这一点也许中国没有几个经济学家知道。所谓"联邦储备银行"，其实既不是"联邦"，更没有"储备"，也算不上"银行"。多数中国政府的官员可能会想当然地认为是美国政府发行着美元，实际情况是，美国政府根本没有货币发行权！1963年肯尼迪总统遇刺后，美国政府最终丧失了仅剩的"白银美元"的发行权。美国政府要想得到美元，就必须将美国人民的未来税收（国债），抵押给私有的美联储，由美联储来发行"美联储券"，这就是"美元"。

……※ 存款准备金率 ※……

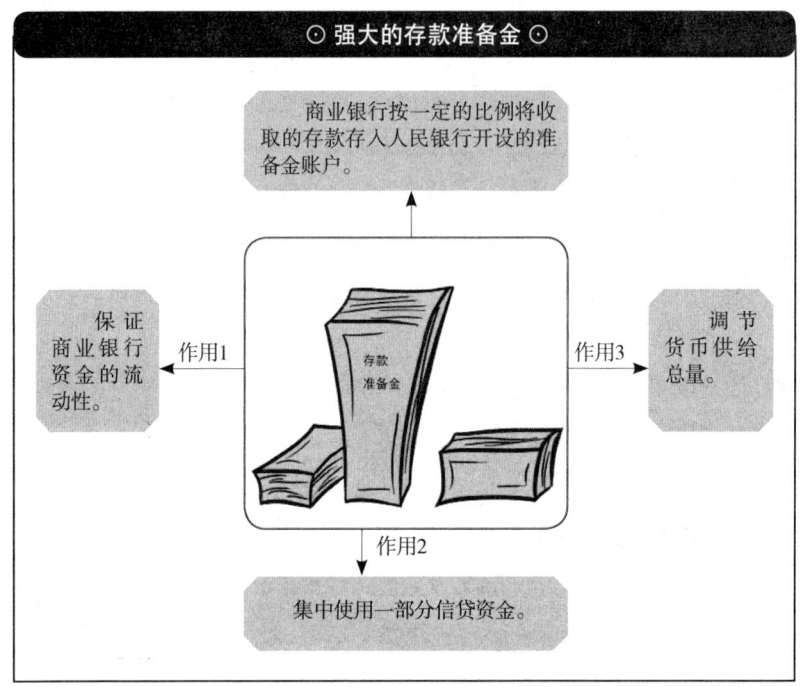

⊙ 强大的存款准备金 ⊙

商业银行按一定的比例将收取的存款存入人民银行开设的准备金账户。

保证商业银行资金的流动性。 ——作用1——

调节货币供给总量。 ——作用3——

存款准备金

作用2

集中使用一部分信贷资金。

《中国青年报》2015年10月23日发表记者董伟的采写新闻说：中国人民银行决定，自2015年10月24日起，下调金融机构人民币贷款和存款基准利率，进一步降低社会融资成本。其中，金融机构一年期贷款基准利率下调0.25个百分点至4.35%；一年期存款基准利率下调0.25个百分点至1.5%；人民银行对其他各档次贷款及存款基准利率、金融机构贷款利率都进行相应调整；个人住房公积金贷款利率保持不变。同时，对商业银行和农村合作金融机构等不再设置存款利率浮动上限，并抓紧完善利率的市场化形成和调控机制，加强央行对利率体系的调控和监督指导，提高货币政策传导效率。

自同日起，下调金融机构人民币存款准备金率0.5个百分点，以保持银行体系流动性合理充裕，引导货币信贷平稳适度增长。同时，为加大金融支持"三农"和小微企业的正向激励，对符合标准的金融机构额外降低存款准备金率0.5个百分点。

央行有关负责人在解释此次"双降"的考虑时表示，当前，国内外形势依然复杂，我国经济增长仍存在一定的下行压力，需要继续灵活运用货币政策工具加强预调、微调，为经济结构调整和经济平稳健康发展创造良好的货币金融环境。

从2006年开始，央行综合运用多种货币政策工具大力回收银行体系多余流动性。随着2007年投资继续过热，流动性过剩延续，通货膨胀加重的经济变化，央行加大上调存款准备金的力度。2007年央行共10次上调准备金！而在2008年，央行也一共4次上调了存款准备金率，分别在1月16日、3月18日、4月16日。5月12日宣布上调存款准备金率0.5个百分点，2008年底存款类金融机构人民币存款准备金率达到17.5%的历史新高！

如此强大的货币政策取得了明显的成效，2008年底，国内通货膨胀得到了明显的遏制，物价回归到合理的水平。存款准备金率为何具有如此大的成效？

大家都知道，银行（bank）起源于板凳（bench）。起初只是为顾客兑换货币，后来增加新业务，替有钱人保管金银，别人把金银存放在他的保险柜，他给人开张收据，并收取一定的保管费。天长日久，有聪明人看出其中门道，虽然每天都有人存，有人取，但他们的保险柜里，总有些金银处于闲置状态，很少有保险柜被提空的情况。于是兑换商玩起"借鸡下蛋"的把戏，别人每存一笔钱，他们只在手中保留一部分，剩下的则悉数贷出去。被兑换商保留在手里的那部分金银，就是后来的存款准备金。

存款准备金确切的含义是指金融机构为保证客户提取存款和资金清算需要而准备的在中央银行的存款，中央银行要求的存款准备金占其存款总额的比例就是存款准备金率。准备金本来是为了保证支付的，但它却带来了一个意想不到的"副产品"，就是赋予了商业银行创造货币的职能，可以影响金融机构的信贷扩张能力，从而间接调控货币供应量。现已成为中央银行货币政策的重要工具，是传统的三大货币政策工具之一。

以美国为例，在我们讨论银行挤兑时，我们说联邦储备银行会设定一个最低准备金率，目前对于可开支票账户为10%。如果在两个星期内银行平均的法定准备金率无法达到要求，将会面临处罚。

当银行似乎无法达到联邦储备银行的准备金要求时它会怎样应对？一般它们会向其他银行去借多余的准备金。银行之间相互借贷是在联邦基金市场（Federalfunds market）中进行的。这是一个金融市场，在其间准备金达不到要求的银行可以从那些持有超额准备金的银行借到准备金，一般是隔夜拆借。

银行可以从联邦储备银行那里借准备金。为了防止银行全向联邦储备银行借准备金，联邦储备银行向银行提供贷款时收取一定的利率称为贴现率（discount rate）。现阶段，贴现率被设定在比联邦基金利率高1%的水平上。

联邦基金利率是在联邦基金市场中决定的利率，在现代货币政策中扮演着一个关键角色。如果联邦储备银行缩小联邦基金利率和贴现率之间的差距，银行将增加贷款，因为准备金不足的成本降低了，货币供给将增加。如果联邦储备银行扩大联邦基金利率和贴现率之间的差距，银行贷款将减少，货币供给也将减少。在实践中，美国联邦储备银行既不使用法定准备金率也不使用贴现率作为主动影响货币供给的工具。

如果银行选择这么做，联邦储备银行可以改变法定准备金率或贴现率，或者双管齐下。任何一个手段的变化都会影响货币供给。如果联邦储备银行降低法定准备金要求，银行就可以把更大比例的存款贷出，导致贷款增加，通过乘数增加货币供给。如果联邦储备银行提高法定准备金要求，银行将被迫削减贷款数额，最终导致联邦基金利率下跌。如果美联储降低法定准备金率，会导致联邦基金利率下跌。

中央银行调整存款准备金率，会对国家金融生活产生多方面的重要的影响。

1. 对银行的影响

存款准备金率上调，会减少银行信贷资金，贷款利润会减少，这对于目前仍然以存贷利差为主要利润来源的银行的业绩有一定影响；但这也会催促银行向利润高的新业务拓展，如零售业务、国际业务、中间业务等，从而加强银行的稳定性和营利性。

2. 对企业的影响

银行信贷规模收紧，企业融资环境吃紧，资金紧张。银行会更加慎重地选择贷款对象，更倾向于规模大、盈利能力强、风险小的大企业，这会给另外一部分非常依赖于银行贷款的大企业和很多中小企业的融资能力造成一定的影响。

3. 对股市的影响

每次调整存款准备金，都会对股票市场产生明显的冲击：首先是心理层面的影响，向投资者发出货币政策调整的信息；其次是股市资金来源的影响，对我国资金推动型股市而言立竿见影。历次存款准备金率上调股市跌多涨少。

4. 对期货的影响

如果存款准备金上调，则资金流入期货市场，从而引发短期的剧烈波动。存款准备金率上调对金融期货影响较大，而对商品期货影响较小。银行信用规模收缩。

5. 对存款的影响

如果存款准备金上调，银行会加大力度推陈出新吸引存款，但对于老百姓存款而言，没什么影响。

央行存款准备金率上调和存款利率上调之间没有必然的联系。无论是加息，还是上调存款准备金率，其用意都是为了抑制银行信贷资金过快增长。上调存款准备金率，能直接冻结商业银行资金，强化流动性管理。主要是为了加强流动性管理，抑制货币信贷总量过快增长。同时，上调存款准备金率也体现了"区别对待"的调控原则。同加息相比，上调存款准备金率是直接针对商业银行实施的货币政策工具，不似加息"一刀切"式直接影响企业财务和百姓生活。

⋯⋇ 公开市场业务：央行货币政策的风向标 ⋇⋯

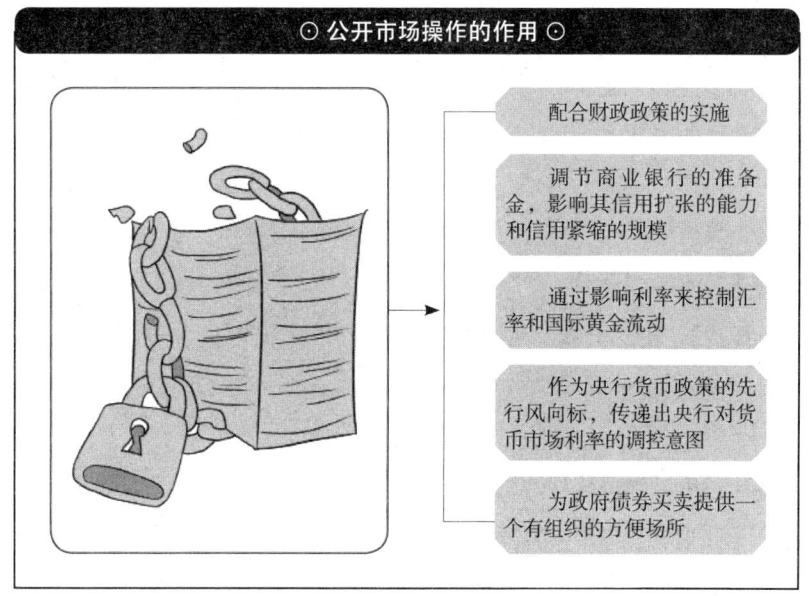

⊙ 公开市场操作的作用 ⊙

配合财政政策的实施

调节商业银行的准备金，影响其信用扩张的能力和信用紧缩的规模

通过影响利率来控制汇率和国际黄金流动

作为央行货币政策的先行风向标，传递出央行对货币市场利率的调控意图

为政府债券买卖提供一个有组织的方便场所

  2008年年初，中国股市、楼市等相继出现投资过热的情况，物价水平高涨。央行2月上旬开始首次公开市场操作，净回笼资金2 960亿元，之后公开市场操作的力度依然不减。接下来的股票市场又迎来一只大盘股——中铁建的发行，而当时央行的公开市场操作仍保持较高的紧缩力度，这表明央行大力度回笼流动性的决心，使得市场信心增强，公开市场维持净回笼势态成为定局。

  公开市场业务是指中央银行通过买进或卖出有价证券，吞吐基础货币，调节货币供应量的活动。与一般金融机构所从事的证券买卖不同，中央银行买卖证券的目的不是为了赢利，而是为了调节货币供应量。根据经济形势的发展，当中央银行认为需要收缩银根时便卖出证券，相应地收回一部分基础货币，减少金融机构可用资金的数量。当中央银行认为需要放松银根时，便买进证券，扩大基础货币供应，直接增加金融机构可用资金的数量。

在多数的发达国家，公开市场操作是中央银行吞吐基础货币、调节市场流动性的主要货币政策工具，通过中央银行与指定交易商进行有价证券和外汇交易，达到货币政策调控目标。中国公开市场操作包括人民币操作和外汇操作两部分。外汇公开市场操作于1994年3月启动，人民币公开市场操作于1998年5月26日恢复交易，规模逐步扩大。从1999年以来，公开市场操作已成为中国人民银行货币政策日常操作的重要工具，在调控货币供应量、调节商业银行流动性水平、引导货币市场利率走势方面发挥了积极的作用。

中国人民银行从1998年开始建立公开市场业务一级交易商制度，选择了一批能够承担大额债券交易的商业银行作为公开市场业务的交易对象。目前公开市场业务一级交易商共包括40家商业银行，这些交易商可以运用国债、政策性金融债券等作为交易工具与中国人民银行开展公开市场业务。

从交易品种来看，中国人民银行公开市场业务债券交易主要包括回购交易、现券交易和发行中央银行票据。

回购交易分为正回购和逆回购两种。正回购为中国人民银行向一级交易商卖出有价证券，并约定在未来特定日期买回有价证券的交易行为。正回购为央行从市场收回流动性的操作，正回购到期则为央行向市场投放流动性的操作。逆回购为中国人民银行向一级交易商购买有价证券，并约定在未来特定日期将有价证券卖给一级交易商的交易行为。逆回购为央行向市场上投放流动性的操作，逆回购到期则为央行从市场收回流动性的操作。

现券交易分为现券买断和现券卖断两种。前者为央行直接从二级市场买入债券，一次性地投放基础货币；后者为央行直接卖出持有债券，一次性地回笼基础货币。

中央银行票据即中国人民银行发行的短期债券，央行通过发行央行票据，可以回笼基础货币，央行票据到期则体现为投放基础货币。

作为央行货币政策的先行风向标，公开市场操作，传递出央行对货币市场利率的调控意图；调节商业银行的准备金，并影响其信用扩张的能力和信用紧缩的规模；为政府债券买卖提供一个有组织的方便场所；配合积极财政政策的实施，支持国债发行，通过影响利率来控制汇率和国际黄金流动。

⋯⋇ 无奈的"最后贷款人" ⋇⋯

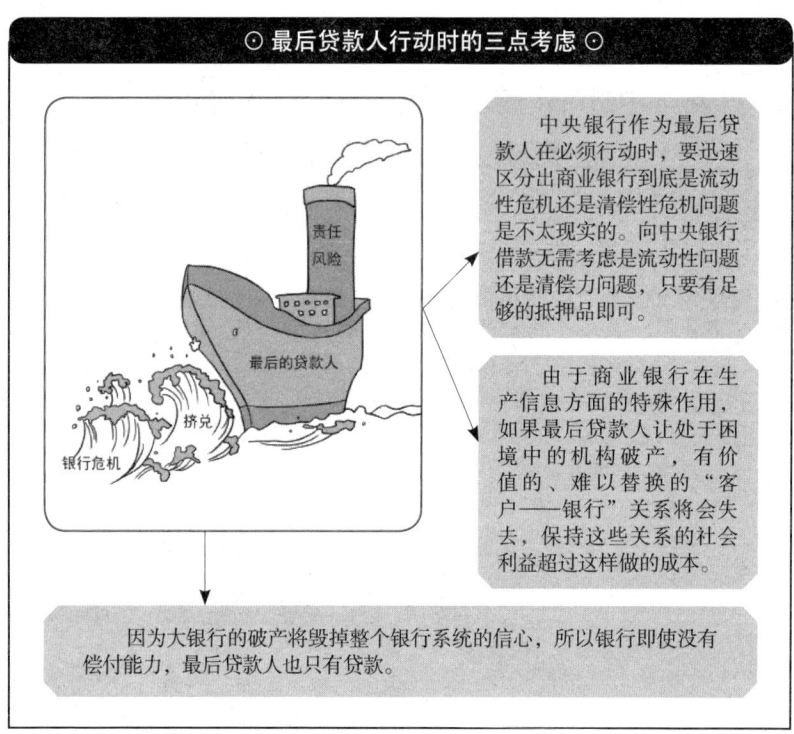

当发生银行危机时，银行之间也会互相寻求贷款，用来应付挤兑风潮。但是，银行的准备金都是有限的，当山穷水尽之时，谁才是最后的贷款人呢？

2008年10月，随着西方各国纷纷陷入金融危机，法国总统萨科奇呼吁中国、印度等国家参加一次有关重建世界金融体系的"紧急全球峰会"，以共同应对目前全球金融危机，世界银行行长佐利克随后也提出相似建议。在美欧金融危机愈演愈烈的情况下，越来越多的西方政治家将中国视为全球金融稳定的关键力量，因为中国金融健康并持有巨额外汇储备，成为这场危机"国际最后贷款人"的最佳人选，也被赋予决定未来金融秩序的能力。

而美国国会公布的7 000亿美元救市计划根本无法增强市场信心，在解决流动性方面作用有限，从而无法制止实体经济的衰退。这意味着未来信用违约会越发严重，将进一步打击规模空前的衍生品市场，直至美国金融系统崩溃，陷入债务危机。因此，在危机进程中做"国际最后贷款人"形同"危机最后陪葬人"，必祸及自身。

中国深刻地认识到了这一点。因此当时温家宝总理发言说，"中国经济增长态势不出现大的起落，就是对世界经济的最大贡献"，中国中央银行也重复了这一观点。受西方金融危机的影响，作为拉动中国经济增长的主要力量，出口已出现明显回落，实体经济或较快下滑，这会引起中国资产价格的波动，尤其是与金融密切相关的房地产业，潜藏着较大的金融风险，因此，维持经济增长与稳定资产价格成为当前最重要的任务。中国并无意扮演"最后贷款人"的角色。

通常，在某一国国内发生银行危机时，中央银行，可以为其他商业银行提供再贷款以满足商业银行短期的资金需要，以防范银行系统内的危机，看上去，就像是商业银行背后的贷款人。因而，"最后贷款人"这一概念原是人们习惯上对中央银行的这一行为的描述。

"最后贷款人"被认为是危急时刻中央银行应尽的融通责任，它应满足对高能货币的需求，以防止由恐慌引起的货币存量的收缩。当一些商业银行有清偿能力但暂时流动性不足时，中央银行可以通过贴现窗口或公开市场购买两种方式向这些银行发放紧急贷款，条件是他们有良好的抵押品并缴纳惩罚性利率。最后贷款人若宣布将对流动性暂不足的商业银行进行融通，就可以在一定程度缓和公众对现金短缺的恐惧，这足以制止恐慌而不必采取行动。

最后贷款人这一理念最先是由英国经济学家沃尔特·白芝浩（Walter Bagehot）提出的。

沃尔特·白芝浩1826年出生于一个银行世家，母亲来自从事银行业的斯塔基家族，父亲是斯塔基银行总部的经理人。1848年，22岁的白芝浩毕业于伦敦大学，获硕士学位；此后他又专修了三年的法律，获得律师资格，但是并没有从事律师行业，而进入了他父亲的银行业。1858年他与曾任英国财政大臣，《经济学人》杂志创办人詹姆斯·威尔逊（James Wilson）的长女结婚；两年后，威尔逊去世，他接管了《经济学人》，担任第三任主编直到1877年辞世。

沃尔特·白芝浩虽然并没有经济学学位，但他博学多才，个人禀赋加上诸多方面的家族知识渊源，使得白芝浩成了真正让《经济学人》家喻户晓的关键人物。他在诸多领域都有建树，是影响至今的法学家、金融学家。

在1873年出版的《伦巴德街》一书中，白芝浩详细阐述了他关于中央银行最终贷款人的观点：在有良好的抵押物的基础上，英格兰银行应该随时准备以高利率向商业银行提供无限量的贷款。实际上，早在1866年9月白芝浩就在报纸上公开这一观点。这一论点最终对中央银行职能的演变产生了重大影响。但是当时，英格兰银行一位董事将其言论称为"是本世纪以来货币和银行领域中所冒出的最恶劣的教条。"

这是因为，如材料中所说，"最后贷款人"的角色并不好把握。

中央银行不应降低成本甚至无成本地向商业银行降息。2008年金融危机爆发后，世界主要中央银行致力于向银行体系注入流动性，实际上是不计成本地向商业银行提供定量贷款，这样的最后贷款人角色并不符合白芝浩的原意。中央银行在金融市场出现动荡时袖手旁观需要承担巨大的外部压力，也要抵制力挽狂澜的内在诱惑。中央银行的任务是防止经济增长由不景气转变成经济衰退，最后贷款人角色并不是要求央行充当"老好人"，谁没有钱了，就要把钱送去。白芝浩曾经强调高利率和抵押物就是附加一种惩罚性融资条件，同时借此分辨出银行资产的好坏，而不能够满足贷款条件的，央行有理由将其拒之门外。因此，扮演"最后贷款人"的角色，还需要谨慎把握好力度，否则对提升经济状况并不能起到有力的效果。

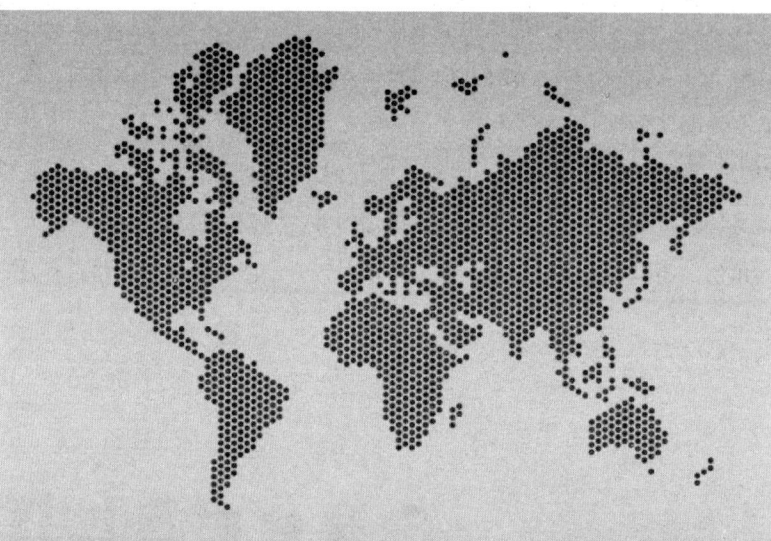

Chapter 7

狩财猎富的金融市场

⋯※ 财富交易与追逐的金融市场 ※⋯

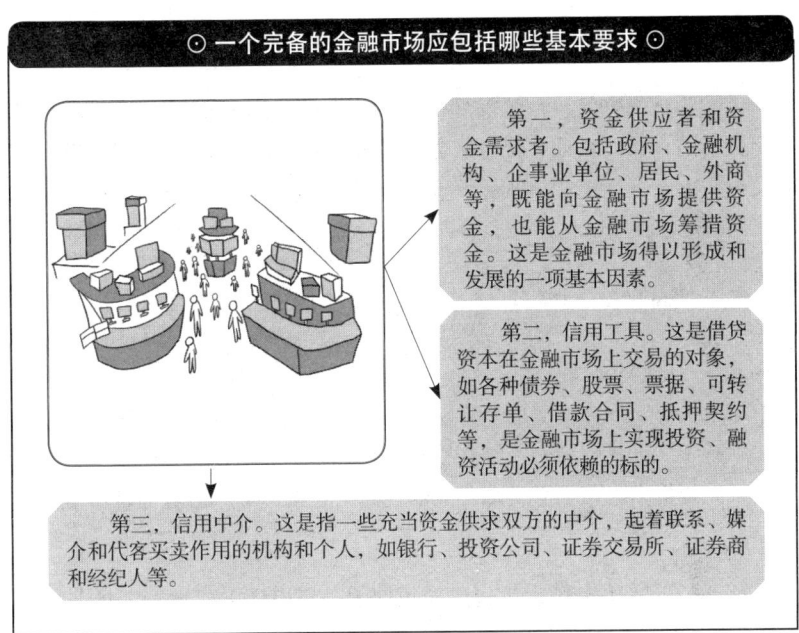

⊙ 一个完备的金融市场应包括哪些基本要求 ⊙

第一，资金供应者和资金需求者。包括政府、金融机构、企事业单位、居民、外商等，既能向金融市场提供资金，也能从金融市场筹措资金。这是金融市场得以形成和发展的一项基本因素。

第二，信用工具。这是借贷资本在金融市场上交易的对象，如各种债券、股票、票据、可转让存单、借款合同、抵押契约等，是金融市场上实现投资、融资活动必须依赖的标的。

第三，信用中介。这是指一些充当资金供求双方的中介，起着联系、媒介和代客买卖作用的机构和个人，如银行、投资公司、证券交易所、证券商和经纪人等。

任何事物的产生都有其先后顺序，说到金融市场，不得不提的是信用工具。其实早在金融市场形成以前，信用工具已产生，它是商业信用发展的产物。但由于商业信用的局限性，这些信用工具只能存在于商品买卖双方，并不具有广泛的流动性。随着商品经济的进一步发展，在商业信用的基础上又产生了银行信用和金融市场。

金融市场又被称为资金市场，是指资金供应者和资金需求者双方通过信用工具进行交易而融通资金的市场。金融市场是统一市场体系中的一个重要部分，它与消费品市场、生产资料市场、劳动力市场、技术市场等各类市场相互联系、相互依存，共同形成统一市场。在整个市场体系中，金融市场是联系其他市场的纽带，对一国经济的发展具有多方面的积极影响。

金融市场的形态主要有以下两种。

第一种是有形市场，即交易者集中在有固定地点和交易设施的场所内进行交易的市场。在证券交易电子化之前，证券交易所就是典型的有形市场，但目前世界上所有的证券交易所都采用了数字化交易系统，因此有形市场渐渐被无形市场替代。

第二种是无形市场，即交易者分散在不同地点（机构）或采用电讯手段进行交易的市场，如场外交易市场、全球外汇市场和证券交易所市场等。

金融市场本身的构成十分复杂，它是由许多不同的市场组成的一个庞大体系。根据金融市场上交易工具的期限，金融市场一般分为货币市场和资本市场两大类。

第一类，货币市场，是指融通短期（一年以内）资金的市场。货币市场又可以进一步分为若干子市场，包括金融同业拆借市场、回购协议市场、商业票据市场、银行承兑汇票市场、短期政府债券市场、大面额可转让存单市场等。

第二类，资本市场，是融通长期（一年以上）资金的市场，包括中长期信贷市场和证券市场。中长期信贷市场是金融机构与工商企业之间的贷款市场；证券市场是通过证券的发行与交易进行融资的市场，包括债券市场、股票市场、基金市场、保险市场、融资租赁市场等。

一般来说，金融市场上资金的运作是具有一定规律性的，由于资金余缺调剂的需要，资金总是从多余的地区和部门流向短缺的地区和部门。因此，金融市场素有国民经济"晴雨表"之称。

⋯⋇ 货币市场：左手交钱，右手也交钱 ⋇⋯

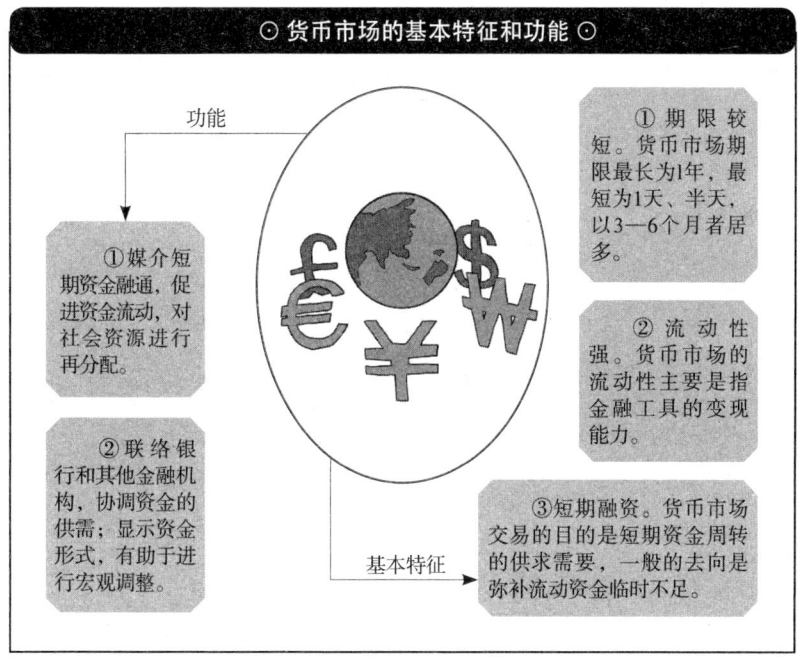

美国金融制度规定，一个商业公司有暂时过剩的现金。这家公司可以把这些钱安全地投入货币市场1~30天，或者如果需要可以投入更长的时间，赚取市场利率，而不是让资金闲置在一个无息的活期存款账户里。另一种情况是，如果一家银行在联邦账户上暂时缺少储量，它可以到货币市场上购买另一机构的联邦基金。来增加联邦储备账户隔夜数额，满足其临时储备需要。这里的关键想法是，参与者在这些市场调节其流动性——他们借出闲置资金或借用短期贷款。

货币市场是一个市场的集合，每个交易都使用明显不同的金融工具。货币市场没有正式的组织，如纽约证券交易所针对产权投资市场。货币市场的活动中心是经销商和经纪人，他们擅长一种或多种货币市场工具。经销商根据自己的情况购买证券，当一笔交易发生时，出售他们的库存证券。交易都是通过电话完成的，尤其是在二级市场上。由于那里金融公司集中，市场集中在纽约市曼哈顿市区，主要参与者一般使用电子方式联系遍及美国、欧洲和亚洲的主要金融中心。

货币市场也有别于其他金融市场，因为它们是批发市场，参与大型的交易。尽管一些较小的交易也可能发生，多数是100万美元或更多。由于非个人的、竞争的性质，货币市场交易是所谓的公开市场交易，没有确定的客户关系。比如说，一家银行从一些经纪人那里寻找投标来交易联邦基金，以最高价出售并以最低价买进。但是，不是所有的货币市场交易都像联邦基金市场一样开放。例如，即使银行没有以当前的利率积极地寻找资金，货币市场的银行通常给经销商"融资"，这些经销商是银行的好顾客，因为他们出售他们的可转让存单。因此，在货币市场上，我们找到了一些"赠送"，不是这么多形式的价格优惠，而是以通融资金的形式。

货币市场活动的目的，主要是保持资金流动性，以便能随时随地获得现实的货币用于正常周转。换句话说，它一方面要能满足对资金使用的短期需求，另一方面也要为短期闲置资金寻找出路。

让我们详细地研究，为什么货币市场工具具有这些特点。

首先，如果你有资金可以暂时投资，你只想购买最高信用等级企业的金融债券，并且尽量减少任何违约对本金的损失。因此，货币市场工具由最高等级的经济机构发行（即最低的违约风险）。

其次，你不想持有长期证券，因为如果发生利率变化，他们与短期证券相比有更大的价格波动（利率风险）。此外，如果利率变化不显著，到期期限与短期证券相差的时间不是很远，这时可以按票面价值兑换。

再次，如果到期之前出现意外，急需资金，短期投资一定很适合市场销售。因此，许多货币市场工具有很活跃的二级市场。为了高度的市场可售性，货币市场工具必须有标准化的特点。此外，发行人必须是市场众所周知的而且有良好的信誉。最后，交易费用必须要低。因此，货币市场工具一般都以大面值批发出售——通常以100万美元到1 000万美元为单位。比如说，交易100万美元至1 000万美元的费用是50美分至1美元。节首的图表总结了最重要的货币市场工具的特点。

关于货币市场，可以从市场结构出发来重点关注以下几个方面。

1. 同业拆借市场

同业拆借市场也叫同业拆放市场，主要是为金融机构之间相互进行短期资金融通提供方便。参与同业拆借市场的除了商业银行、非银行金融机构外，还有经纪人。

同业拆借主要是为了弥补短期资金不足、票据清算差额以及解决其他临时性资金短缺的需要。所以，其拆借期限很短，短则一两天，长则一两个星期，一般不会超过一个月。

正是由于这个特点，所以同业拆借资金的利率是按照日利率来计算的，利息占本金的比率称为"拆息率"，而且每天甚至每时每刻都会发生调整。

2. 货币回购市场

货币回购主要通过回购协议来融通短期资金。这种回购协议，是指出售方在出售证券时与购买方签订的协议，约定在一定期限后按照原定价格或约定价格购回出售的证券，从而取得临时周转资金。这种货币回购业务实际上是把证券作为抵押品取得抵押贷款。

3. 商业票据市场

商业票据分为本票和汇票两种。所谓本票，是指债务人向债权人发出的支付承诺书，债务人承诺在约定期限内支付款项给债权人；所谓汇票，是指债权人向债务人发出的支付命令，要求债务人在约定期限内支付款项给持票人或其他人。而商业票据市场上的主要业务，则是对上述还没有到期的商业票据，如商业本票、商业承兑汇票、银行承兑汇票等进行承兑和贴现。

货币市场的存在使得工商企业、银行和政府可以从中借取短缺资金，也可将它们暂时多余的、闲置的资金投放在市场中作为短期投资，生息获利，从而促进资金合理流动，解决短期性资金融通问题。各家银行和金融机构的资金，通过货币市场交易，从分散到集中，从集中到分散，从而使整个金融体系的融资活动联系起来。

货币市场在一定时期的资金供求及其流动情况，是反映该时期金融市场银根松紧的指标。

⋯※ 外汇市场：全球最大的金融市场 ※⋯

以前，美国及其盟国皆以布雷顿森林体系为准则，即一国货币汇率取决于其黄金准备的多少，然而在1971年的夏天，尼克松总统暂停美元与黄金的兑换后，产生了汇率浮动制度。现在一国货币的汇率取决于其供给与需求及其相对价值。障碍的减少以及机会的增加，如亚洲及拉丁美洲的戏剧性经济成长，为外汇投资者带来新的契机。

贸易往来的频繁及国际投资的增加，使各国经济形成密不可分的关系，全球的经常性经济报告如通货膨胀率、失业率及一些不可预期的消息，如天灾或政局的不安定等，皆为影响币值的因素，币值的变动也影响了该货币在国际间的供给与需求。而美元的波动持续抗衡世界上其他的货币，国际性贸易及汇率变动的结果，造就了全球最大的交易市场——外汇市场，一个具高效率性、公平性及流通性的一流世界级市场。

外汇市场（也称为"Forex"或"FX"市场），是全球最大的金融市场，日交易量高达4万亿美元。外汇交易市场是现金银行间市场或交易商间的市场，它并非传统印象中的实体市场，没有实体的场所供交易进行，交易是通过电话及经由计算机终端机在世界各地进行。直接的银行间市场是以具有外汇清算交易资格的交易商为主，他们的交易构成总体外汇交易中的大额交易，这些交易创造了外汇市场的交易巨额，也使外汇市场成为最具流通性的市场。

外汇市场有广义和狭义之分。广义的外汇市场是指所有进行外汇交易的场所，为了进行贸易结算，商人们须到市场上进行不同货币之间的交换，这种买卖不同国家货币的场所，就是广义的外汇市场。

狭义的外汇市场指外汇银行之间进行外汇交易的场所。外汇银行买卖外汇，要产生差额，形成外汇头寸的盈缺。由于市场上汇率千变万化，银行外汇头寸的盈缺都会带来损失，因此外汇银行要对多余的头寸抛出，或对短缺的头寸补进。各外汇银行都进行头寸的抛补，就形成了银行间的外汇交易市场。

外汇市场的类型可以从不同的角度来划分：

根据外汇市场交易的性质，可分为传统外汇市场和创新外汇市场两类。在传统外汇市场上进行的是传统的外汇交易，包括即期外汇交易、远期外汇交易、套汇交易等。在创新外汇市场上进行的是创新的外汇交易，包括外汇期货、外汇期权和货币互换等。

从外汇交易的组织形式看，可分为有形外汇市场和无形外汇市场两种类型。有形外汇市场的交易参与者在专门的交易所里，在规定的交易时间内，集中起来进行外汇交易。有形外汇市场主要存在于欧洲大陆地区，例如法国巴黎、德国法兰克福、意大利米兰和比利时布鲁塞尔等地。无形外汇市场没有具体的交易场所，也没有固定的开盘和收盘时间，交易的参与者利用电话和计算机网络等现代化通信手段进行交易。无形外汇市场普遍存在于英国、美国、日本和瑞士等国家和地区，例如英国伦敦、美国纽约、日本东京和瑞士苏黎世等地。

根据外汇交易额度的不同，可分为批发外汇市场和零售外汇市场两类。批发外汇市场是指银行同业之间进行外汇交易的市场，包括从事外汇业务的银行之间、从事外汇业务的银行与中央银行之间，以及各国中央银行之间进行的外汇交易。这种交易的额度一般比较大，故被称为批发外汇市场。零售外汇市场是指银行与其客户之间进行外汇交易的市场。一般情况下，这种外汇交易的额度相对于银行同业之间的外汇交易额度来说要小得多，所以被称为零售外汇市场。

由于国际短期资金的大量流动会冲击外汇市场，造成流入国或流出国的货币汇价暴涨或暴跌。此时则须由中央银行进行干预，中央银行通过在外汇市场上大量抛出或买进汇价过分涨跌的货币，使汇价趋于稳定。

···※ 股票市场：涨涨跌跌的诱惑 ※···

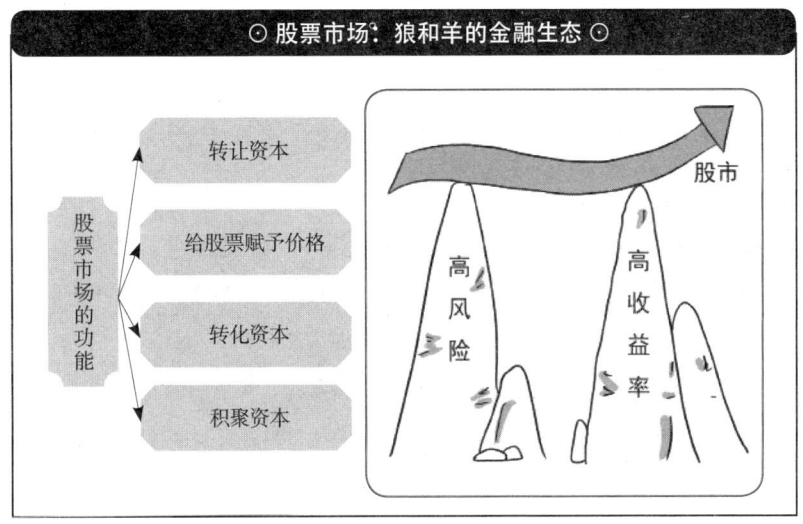

股票的交易都是通过股票市场来实现的。股票市场是股票发行和流通的场所，也可以说是指对已发行的股票进行买卖和转让的场所。一般地，股票市场可以分为两级，一级市场也称之为股票发行市场，二级市场也称之为股票交易市场。股票是一种有价证券，有价证券除股票外，还包括国家债券、公司债券、不动产抵押债券等。国家债券出现较早，是最先投入交易的有价债券。随着商品经济的发展，后来才逐渐出现股票等有价债券。因此，股票交易只是有价债券交易的一个组成部分，股票市场也只是多种有价债券市场中的一种。目前，很少有单一的股票市场，股票市场不过是证券市场中专营股票的地方。

股票是社会化大生产的产物，至今已有将近400年的历史。很少有人知道，中国最早的股票市场是由精明的日本商社于1919年在日本驻上海领事馆注册的。而蒋介石竟然是中国最早的股民之一。

1919年，日商在上海租界三马路开办了"取引所"（即交易所）。蒋介石、虞洽卿便以抵制取引所为借口，电请北京政府迅速批准成立上海证券物品交易所。

这时的北京政权为直系军阀所控制，曹锟、吴佩孚等人不愿日本人以任何方式介入中国事务。于是，中国以股票为龙头的第一家综合交易所被批准成立了。

1920年2月1日，上海证券物品交易所宣告成立，理事长为虞洽卿，常务理事为郭外峰、闻兰亭、赵林士、盛丕华、沈润挹、周佩箴等六人，理事十七人，监察人为周骏彦等。交易物品有七种，为有价证券、棉花、棉纱、布匹、金银、粮食油类、皮毛。1929年10月3日《交易所法》颁布以后，它便依法将物品中的棉纱交易并入纱布交易所；证券部分于1933年夏秋间并入证券交易所，黄金及物品交易并入金业交易所。

一般交易所的买卖是由经纪人经手代办的。经纪人在交易所中缴足相当的保证金，在市场代理客商买卖货物，以取得相应的佣金。拥有资金实力的蒋介石、陈果夫、戴季陶等人便成了上海证券物品交易所的首批经纪人。但因为财力有限，他们不是上海证券物品交易所的股东，而只是他们所服务的"恒泰号"的股东。而恒泰号只是上海证券物品交易所的经纪机构之一。

恒泰号的营业范围是代客买卖各种证券及棉纱，资本总额为银币35 000元，每股1 000元，分为35股。股东包括蒋介石在内，共有十七人，但为避嫌，在合同中却多不用真名。蒋介石就用的是"蒋伟记"的代号。

蒋介石是中国首批经纪人，这个消息对很多在股市中混迹的人来说，恐怕都足够爆炸的。但据此看来，确有其事。当时的大宗证券交易，只有蒋介石这样的四大财团才有实力入市一搏，精明的老蒋当然不会错过这个机会。事实上，在蒋介石当经纪人的时候，上证所的主要业务还是棉花等大宗期货商品。当时还未真正形成股票市场。

有人说，如果把股市比喻成一个草原，普通股民是羊，那些企图捕食羊的利益团体是狼，政府就是牧羊人。但千万不要以为牧羊人就只保护羊，实际上，牧羊人也得保护狼，因为狼假如不够，羊没有天敌，就会繁衍得太多，而太多羊则会毁灭草原的植被，进而毁灭整个草原，政府说到底，他既不保护羊也不保护狼，而是保护整个草原的生态平衡。因为牧羊人并不以保护羊为第一目标，他只在整个草原可能出现毁灭倾向时才会真正焦急。这样的比喻似乎比较清晰的揭示了股市运作的道理。

真实的股市在每一个股民的眼中都是不一样的。表面上看，股市就永远像庙会那样人山人海，热闹非凡；而实际上，置身其中，就会发现股市就如一个百鸟园一般充满不同的声音，而你却不知谁说的才是真的。真假难辨，是股民心中对股市一致的印象。

⋯※ 证券市场：经济的晴雨表 ※⋯

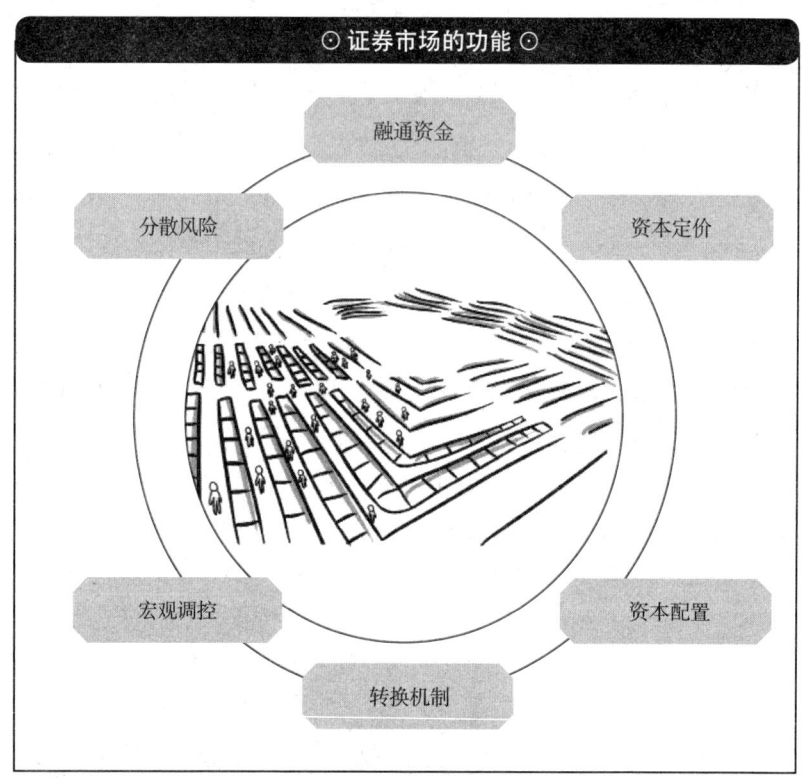

⊙ 证券市场的功能 ⊙

融通资金

分散风险

资本定价

宏观调控

资本配置

转换机制

证券已有很长的历史，但证券的出现并不标志着证券市场会同时产生，只有当证券的发行与转让公开通过市场的时候，证券市场才随之出现。

证券市场是证券发行和交易的场所。从广义上讲，证券市场是指一切以证券为对象的交易关系的总和，主要包括股票市场、债券市场以及金融衍生品市场等。证券市场的构成要素主要包括证券市场参与者、证券市场交易工具和证券交易场所三个方面。

按证券进入市场的顺序划分结构层次，证券市场可分为发行市场和交易市场。证券发行市场又称为一级市场或初级市场，是发行人以筹集资金为目的，按照一定的法律规定和发行程序，向投资者出售新证券所形成的市场。证券交易市场又称为二级市场或次级市场，是已发行证券通过买卖交易实现流通转让的市场。

发行市场和流通市场相互依存、相互制约，是一个不可分割的整体。发行市场是流通市场的基础和前提，流通市场是证券得以持续扩大发行的必要条件。此外，流通市场的交易价格制约和影响着证券的发行价格，是证券发行时需要考虑的重要因素。

在西方国家，证券市场主要经历了形成、发展和完善三个发展阶段。

第一阶段：证券市场的形成阶段（17世纪初～18世纪末）

17世纪初，随着资本主义经济的发展，出现了所有权与经营权相分离的生产经营方式，股份公司形成和发展起来。股份公司的形成使股票、债券得以发行，从而使股票、公司债券等进入了有价证券交易的行列。随后，在18世纪资本主义产业革命的影响下，包括铁路、运输、矿山、银行等行业中股份公司成为普遍的企业组织形式，其股票以及各类债券都在证券市场上流通，这标志着证券市场已基本形成。

第二阶段：证券市场的发展阶段（19世纪初～20世纪20年代）

工业革命在世界各国的确立既推动了机器制造业的迅速发展，又使股份公司在机器制造业中普遍建立起来。从19世纪70年代到80年代，股份公司有了极大的发展，大量股份公司的建立和发展，使有价证券发行量不断扩大。与此同时，有价证券的结构也发生了变化，在有价证券中占有主要地位的已不再是政府公债，而是公司股票和企业债券。

第三阶段：证券市场的完善阶段（20世纪30年代至今）

1929—1933年的经济危机是资本主义世界最严重和破坏性最大的一次经济危机。这次危机严重地影响了证券市场，使各国政府清醒地认识到必须加强对证券市场的管理。于是世界各国政府纷纷制定证券市场法规和设立管理机构，使证券交易市场趋向法制化。

二战后，随着资本主义各国经济的恢复和发展以及各国经济的增长，证券市场也迅速恢复和发展。20世纪70年代以后，证券市场出现高度繁荣的局面，其规模不断扩大，证券交易也日益活跃。

在我国，证券市场也有着很长的发展历史，党的十一届三中全会以后，随着我国经济体制改革的深入和商品经济的发展，人民收入水平不断提高，社会闲散资金日益增多，而由于经济建设所需资金的不断扩大，资金不足问题日益突出。在这种经济背景下，各方面要求建立长期资金市场，恢复和发展证券市场的呼声越来越高，我国的证券市场便在改革中应运而生。

在发达的现代市场经济中，证券市场是现代金融市场体系的重要组成部分，它不仅反映和调节货币资金的运作，而且对整个经济的运行具有重要影响。

···※ 保险市场：给未来系上安全带 ※···

⊙ 保险市场的特征 ⊙

保险市场特征

保险市场是直接的风险市场

保险市场交易的对象是保障产品，即对投保人转嫁于保险人的各类风险提供保障，所以本身就直接与风险相关联。

保险市场是非即时清结市场

所谓即时清结市场是指市场交易一旦结束，供需双方立刻就能确切知道交易结果的市场。而保险交易活动，因为风险的不确定性和保险和射幸性使得交易双方都不可能确切知道交易结果，所以不能立刻清结。

保险市场是特殊的"期货"交易市场

由于保险的射幸性，保险市场所成交的任何一笔交易，都是保险人对未来风险事件所致经济损失进行补偿的承诺。保险市场可以理解为一种特殊的"期货"市场。

保险，对大家来说并不陌生，随着社会经济的不断发展，保险已经进入千家万户，和人们日常生活的联系越来越紧密。保险是以契约形式确立双方经济关系，以缴纳保险费建立起来的保险基金，对保险合同规定范围内的灾害事故所造成的损失，进行经济补偿或给付的一种经济形式。

保险市场是市场的一种形式，是保险商品交换关系的总和或是保险商品供给与需求关系的总和。它既可以指固定的交易场所如保险交易所，也可以是所有实现保险商品让渡的交换关系的总和。

在保险市场上，交易的对象是保险人为消费者所面临的风险所提供的各种保险保障产品。保险市场的构成要素如下：首先是为保险交易活动提供各类保险商品的卖方或供给方；其次是实现交易活动的各类保险商品的买方或需求方；再次就是具体的交易对象——各类保险商品。后来，保险中介方也渐渐成为构成保险市场不可或缺的因素之一。

保险市场的类型有很多种分法：

根据保险的标的不同，保险可以分为财产保险、人身保险与责任保险。财产保险又可分为海上保险、火险、运输险、工程险等；人身保险又可分为人寿险、健康险、意外伤害险等；责任保险又可分为雇主责任险、职业责任险、产品责任险等。

按保险业务承保的程序不同，保险可分为原保险市场和再保险市场。原保险市场亦称直接业务市场，是保险人与投保人之间通过订立保险合同而直接建立保险关系的市场；再保险市场亦称分保市场，是原保险人将已经承保的直接业务通过再保险合同转分给再保险人的方式形成保险关系的市场。

按照保险业务的性质不同，保险可分为人身保险市场和财产保险市场。人身保险市场是专门为社会公民提供各种人身保险商品的市场；财产保险市场是从事各种财产保险商品交易的市场。

按保险业务活动的空间不同可分为国内保险市场和国际保险市场。国内保险市场是专门为本国境内提供各种保险商品的市场，按经营区域范围又可分为全国性保险市场和区域性保险市场；国际保险市场是国内保险人经营国外保险业务的保险市场。

按保险市场的竞争程度不同，可分为垄断型保险市场、自由竞争型保险市场和垄断竞争型保险市场。垄断型保险市场是由一家或几家保险人独占市场份额的保险市场，包括完全垄断和寡头垄断型保险市场；自由竞争型保险市场是保险市场上存在数量众多的保险人、保险商品交易完全自由、价值规律和市场供求规律充分发挥作用的保险市场；垄断竞争型保险市场是大小保险公司在自由竞争中并存，少数大公司在保险市场中分别具有某种业务的局部垄断地位的保险市场。

我国保险市场虽然得到了快速的发展，但依然存在一些需要完善的地方，主要表现在：①有效供给不足，有效需求不足，处于低水平均衡状态；②国民保险意识相对较淡薄；③保险法规尚需进一步完善；④保险偿付能力监管和保险公司体制均有待完善。

···✵ 黄金市场：屹立不倒的市场硬通货 ✵···

⊙ 黄金市场的市场职能 ⊙

黄金市场 —— 市场职能

（一）黄金市场的保值增值功能

因为黄金具有很好的保值、增值功能，这样黄金就可以作为一种规避风险的工具，这和贮藏货币的功能有些类似。黄金市场的发展使得广大投资者增加了一种投资渠道，从而可以在很大程度上分散了投资风险。

（二）黄金市场的货币政策功能

黄金市场为中央银行提供了一个新的货币政策操作的工具，也就是说，央行可以通过在黄金市场上买卖黄金来调节国际储备构成以及数量，从而控制货币供给。可以说，通过开放黄金市场来深化金融改革是中国的金融市场与国际接轨的一个客观要求。

黄金一直是一种投资工具。它价值高，并且是一种独立的资源，不受限于任何国家或贸易市场，与公司或政府也没有牵连，因此，投资黄金通常可以帮助投资者避免经济环境中可能发生的问题。

黄金市场，是集中进行黄金买卖的交易场所，是一个全球性的市场。黄金交易所一般都设在各个国际金融中心，是国际金融市场的重要组成部分。国际黄金市场的参与者，可分为国际金商、银行、对冲基金等金融机构、各种法人机构、私人投资者以及在黄金期货交易中有很大作用的经纪公司。

黄金交易与证券交易一样，都有一个固定的交易场所，世界各地的黄金市场就是由存在于各地的黄金交易所构成的。全球的黄金市场主要分布在欧、亚、北美三个区域。欧洲以伦敦、苏黎世黄金市场为代表；亚洲主要以香港为代表；北美主要以纽约、芝加哥和加拿大的温尼伯为代表。全球各大金市的交易时间，以伦敦时间为准，形成伦敦、纽约（芝加哥）连续不停地黄金交易，伦敦每天上午10时30分的早盘定价揭开北美金市的序幕；纽约、芝加哥等先后开叫，当伦敦下午定价后，纽约等地仍在交易中，此时香港也加入进来。伦敦的尾市会影响美国的早市价格，而美国的尾市会影响香港的开盘价，而香港的尾市价和美国的收盘价又会影响伦敦的开市价，如此循环。

目前世界上黄金价格主要有三种类型：市场价格、生产价格和准官方价格，其他各类黄金价格均由此派生。

市场价格包括现货和期货价格。这两种价格既有联系，又有区别。这两种价格都受供需等各种因素的制约和干扰，变化大，而且价格确定机制十分复杂。

生产价格是根据生产成本建立一个固定在市场价格上面的明显稳定的价格基础。以现在的汇价估算，黄金开采平均总成本大约略低于每盎司260美元（1986年，南非黄金生产成本约为每盎司258美元）。实际上，随着技术的进步，找矿、开采、提炼等所需的费用一直在降低，黄金开采成本呈下降趋势。

准官方价格是被中央银行用作与官方黄金进行有关活动而采用的一种价格。世界各国中央银行官方总储备量（各国中央银行往往是各国黄金的最大持有者）在1998年时大约为34 000吨。按目前生产能力计算，这相当于13年的世界黄金矿产量，并且占已开采的全部黄金存量137 400吨的24.7%，这是确定准官方金价的一个重要原因。

随着香港黄金市场的建立，全世界黄金市场已经连成一个连续不断的整体，交易24小时不间断。由于受外部因素影响，世界市场上的黄金价格经常剧烈变动。只有中长期的平均价格，因其结合了各种投机因素，才成为一个比较客观反映黄金受供求影响下的市场价格。例如：在国际货币基金组织于1976—1980年的45次黄金拍卖中，实现平均价格每盎司228.56美元，该价格非常接近伦敦黄金定价市场在同一时期的平均值。

市场条件在不断变化，然而黄金一直保持着它的购买力。相较商品和服务的购买力来看，黄金的价值一直很坚挺，而其他货币随着商品和服务价格的上升购买力却在下降。

在刚刚过去的40年里，自由市场并不存在。在20世纪60年代，黄金市场受到压制金价的黄金总库的控制，而黄金总库听从美国财政部的命令。在那时，黄金价格完美地发挥着"货币温度计"的作用，能发出美元危机即将来临的信号。

在20世纪70年代，美国财政部和国际货币基金组织尝试利用拍卖形式控制黄金价格。不过，所有的尝试最终都失败了。由美国前总统罗斯福于1934年规定的每盎司35美元的固定金价，在20世纪70年代却攀升到每盎司850美元。从1981年开始，黄金开始进入熊市，但是由于政府不时动用"看不见的手"，以及中央银行开展抛售黄金的活动，所以对金价的压制仍在继续。

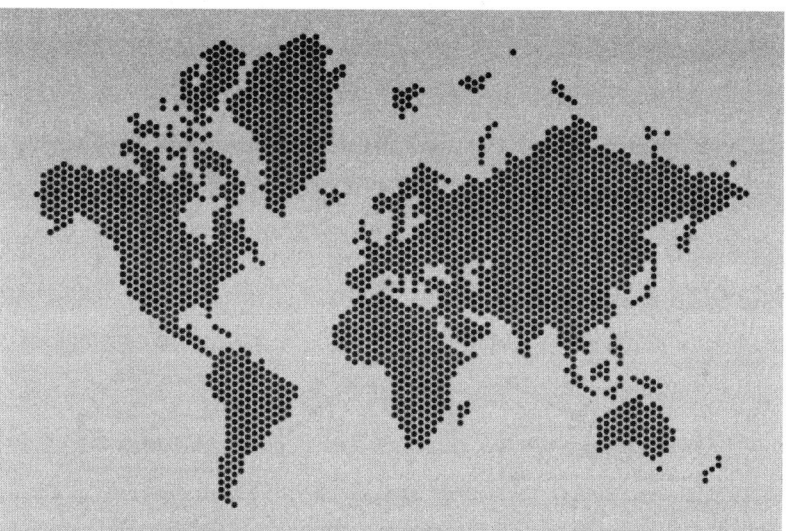

Chapter 8

互联网金融，小而美的微金融

……※ 野蛮生长的互联网金融 ※……

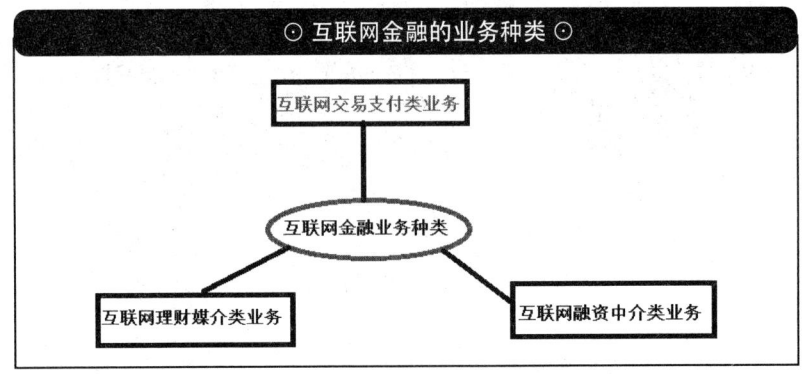

近几年来，互联网金融已经成为热门的话题之一，它是传统金融行业与互联网精神相结合的新兴领域。关于互联网金融，我们还找不到一个权威定义，但根据实际见闻，我们可以大致描绘出互联网金融的面貌：它是一种以公开、公正、公平为原则的新型金融模式，依托于支付、云计算、社交网络以及搜索引擎、App等互联网工具，实现资金融通、支付和信息中介等业务。它的特点是支付便捷，能大幅减少交易成本，资金供需双方可实现直接交易，不再依赖于银行、券商和交易所等金融中介。从广义上来说，金融的互联网应用，都应该是互联网金融，包括但不限于为第三方支付、在线理财产品的销售、信用评价审核、金融中介、金融电子商务等模式。

互联网金融最早出现于2013年，在这一年里，互联网思维狂潮影响并改变了传统的金融业态和格局。我们看到在线理财从电商平台扩展到了几乎所有门类的互联网平台，余额宝和理财通就是这个领域的佼佼者。而银行、券商、基金、保险等传统金融业机构也开始积极谋变，阿里巴巴、腾讯、百度、新浪、京东、苏宁等互联网企业则开始在金融领域构建自己的业务模式。在金融领域也出现了不少新面孔，除了早期的P2P贷款服务平台、垂直搜索、智能理财、众筹平台等互联网金融形态也纷纷涌现……稍不留神，你就落伍了！

从业务上划分，互联网金融有三大板块：第一，互联网交易支付类业务。包括银行利用互联网或移动互联网建立便捷的支付清算渠道，各有关企业也可凭借自身优势，建立第三方支付公司，2011年，全球移动支付交易总金额已经达到了1 059亿美元，预计2016年将达到6 169亿美元。第二，互联网融资中介类业务。包括依托互联网的P2P借贷融资和通过众筹平台进行的股权融资，其中众筹成为了国内外近两年最热门的创业方向之一，仅在2013年第二季度，全球范围内的众筹融资网站已经达到1 500多家。第三，互联网理财媒介类业务。这类业务主要基于对大数据及互联网优势的利用，包括利用大数据指导交易决策，发展高频交易。为客户提供一站式的理财服务；用大数据分析客户金融需求，进行营销和客户管理；利用大数据进行宏观政策分析，实现平抑宏观风险的最优货币政策安排；利用大数据进行企业和个人的征信分析等。

近几年，互联网金融发展迅猛，但是由于互联网金融准入门槛较低，导致鱼龙混杂，既有奇形怪状的产品和服务，又充斥着大量伪互联网金融现象，良莠不齐的平台和企业。而若要促使行业健康、可持续发展，就必须在市场监管方面建立完善的制度，既要关注可能出现的风险，也要给处于成长初期的互联网金融留足发展空间。

互联网金融未来的发展之路将充满挑战，但其未来发展也非常令人期待：互联网技术的使用能大大降低金融服务的成本，提高服务效率，促进金融行业的发展日益独立化。在2015年，李克强总理提出了"互联网+"行动计划，对于互联网金融来说，这是一个重大的机遇，它使得互联网金融逐步接近了传统金融的中心地带，并获得了更多跨界合作的机会。

⋯※ 众筹，融资的金融革命 ※⋯

浏览网页时，你会在淘宝、京东、微信、微博等很多地方都能看到"众筹"的信息，众筹将会成为未来最重要的融资方式之一，因此即使你目前并没有众筹的打算，也应该对众筹有一点了解。

那么，什么是众筹呢？

众筹也叫公众小额集资，最初是一种互联网商业模式，指一群人通过互联网为某一项目或某一创意提供资金支持，从而取代诸如银行、风险投资、天使投资这类公认的融资实体或个人。

众筹过程需要有三方参与：筹款人、投资人和众筹平台。

筹款人是具有创意项目，需要获得资金的企业或个人；投资人是参与到众筹中的广大互联网用户，他们根据自己的兴趣对筹款人的项目进行投资，达到约定的条件后得到一定的回报；众筹平台是撮合筹款人与投资人的平台，众筹平台一般会规定当达到某种条件时筹款人筹款成功，在筹款人筹款成功后获得一定比例的收益。

我们知道，通常创业者最缺乏的就是资金，投资人最需要的则是好项目。而众等平台的出现为双方提供了一个桥梁，创业者不再需要费尽心机地满世界找风投，设计一份产品介绍放到众筹平台上就是完美的解决方案，只要产品做得有价值，自然会有人来投资。

我们可以将众筹的基本模式分为四种：

①债权众筹。即多位投资者对项目或公司进行投资，获得其一定比例的债权，未来获取利息收益并收回本金。一部分平台起到中间人的作用，还有一部分众筹平台还担当还款的责任；

②股权众筹。投资者对项目或公司进行投资，获得其一定比例的股权。通常股权众筹融资常用于个人创业或中小企业的开始阶段，一般来

说，股权众筹在软件、网络公司、计算机和通讯、消费产品、媒体等企业中应用比较广泛；

③回报众筹。投资者对项目或公司进行投资，获得产品或服务，这种非常常见；

④捐赠众筹。投资者对项目或公司进行无偿捐赠。

以最常见的回报众筹来简单说明一下众筹的操作。

首先，你或者你所在的企业有一个好的创意或项目，然后选择一个众筹平台，将你的想法和设计原型以视频、图片及文字的方式进行展示，假如你的想法被投资人认可，那么他们就会把钱投给你和你的企业，以换取相应的承诺。

但是，请不要将众筹想得太过简单。很多创业者，尤其是那些刚刚接触到众筹融资这个概念的创业者，他们往往认为自己能够轻松地在众筹平台上获得他们所需要的所有资金，但在现实中却经常碰壁。

导致失败的原因通常为下面几个方面。

第一，对项目的市场反应缺少准确预估。比如很多个人或企业对众筹项目的目标额设定过高，不理性的目标只能带来失败。

第二，回馈定价不合理。回馈定价也就是投资额，这是投资者最为关注的部分，回馈内容的单一也会导致项目失去吸引力，发起人应努力挖掘产品和服务，以折扣和各种线上线下参与活动吸引投资人。

第三，项目独特性不强。一个项目如果独特性不强，也就没有了区别于其他产品的核心竞争力，这一点对于众筹项目来说是致命的。

最后，宣传推广不足。你有一个好的项目或者创意，还要通过宣传让更多人知道，"酒香也怕巷子深"，没有宣传以及与投资人的互动，项目就很有可能失败。

2014年，国内众筹募资总额达到了1.88亿元，共有1 423起众筹项目，参与人数超过10.9万人，被业界称为"众筹元年"，2015年上半年，众筹迎来了"涌入"态势，它的明天，更值得我们期待！

⋯※ P2P，网贷的前世今生 ※⋯

提起P2P，你一定不会觉得陌生，铺天盖地的P2P广告完全可以让你感受到这个行业蓬勃发展。而我们的一组数据则会让你更深刻地了解到P2P的火爆：2014年全国网贷平台成交量和期末贷款余额分别突破2 500亿元和1 000亿元，运营平台数量达1 575家，年内共计116万投资者和63万融资者使用P2P网贷平台交易。

P2P借贷是peer to peer lending的缩写，有中文翻译为"人人贷"，P2P网络借贷平台则是P2P技术与民间借贷相结合的金融服务网站。P2P网贷从2007年开始起步，2013年是网贷平台发展的黄金期，网贷平台以平均每天1~2家上线的速度快速增长。值得注意的是，P2P行业在中国大致与美英等发达国家发展同步，借助信息技术的发展，将过去分散的民间借贷搬到了互联网上，让出借人与借款人在网络上能够精准对接。

P2P网贷有多种运营模式，这是其由无准入门槛、无行业标准、无机构监管的特点决定的。

1. 纯线上模式

在这种模式下，资金借贷活动都通过线上进行，不结合线下的审核，不过企业也有审核借款人资质的措施，比如视频认证、银行流水账单审查、身份认证等，此类模式典型的平台有拍拍贷、合力贷、人人贷等。

2. 线上线下结合模式

在这种模式下，借款人首先要在线上提交借款申请，而平台通过所在城市的代理商采取入户调查的方式审核借款人的资信、还款能力等情况，翼龙贷是比较典型的代表。

3. 债权转让模式

在这种模式下，公司作为中间人对借款人进行筛选，以个人名义进行借贷之后再将债权转让给理财投资者。比如，宜信就采取了这种模式。不过这种模式目前还存在较大争议。

P2P之所以能够如此火爆，首先，是因为其参与门槛低、渠道成本低，在一定程度上拓展了社会的融资渠道。其次，它抓住了庞大的客户群——小微企业及普通个人用户。但凡事皆有利弊，这类客户资信相对较差、贷款额度相对较低、抵押物不足，且因为信贷审核及催收成本高的原因，不少P2P平台坏债率都非常惊人。

2014年以来，P2P网贷平台接连出现倒闭，少数平台跑路的信息也给行业带来了不好的影响，同时收益率也在不断下降。但收益率下降其实是P2P网贷回归理性的良好信号，随着风控体系的发展，P2P网贷行业的发展将更加趋于差异化和多元化，单纯追求规模效应的平台将被淘汰，而那些具有特色的企业仍将获得长足的发展。

⋯⋇ 改变理财生活的互联网金融 ⋇⋯

人们常说"你不理财，财不理你"，现代人的理财意识已经越来越浓厚了，理财成为人们积累财富的最重要手段。提起理财，你可能会想到五花八门的银行理财产品，而近几年来，理财已不再仅仅是金融机构的专利，随着移动互联网的兴起，互联网理财产品不断出现，不同于银行理财产品的高门槛，互联网理财投入要求更低、操作更便捷，赎回也更灵活，因而赢得了人们的青睐。

在被称为"互联网金融元年"的2013年，还有一个标志性的轰动事件：支付宝与天弘基金推出的余额宝创造了网络销售基金的神话，全面引爆了互联网理财这一全新金融领域的创新。

在诞生之初，余额宝就以强大的募资能力吸引了公众的眼球，数据显示，到2013年12月31日，余额宝的客户数已经达到4 303万人，规模为1 853亿元，成为了国内规模最大的货币基金。这是一个非常惊人的成就！必须指出的是，余额宝并不是简单的用户数量、货币基金规模上的突破，它引爆了整个互联网金融领域，给传统的银行理财带来了难以言喻的震撼，它也以投资门槛低、便利化和收益较高等特点极大地拓宽了居民投资理财的渠道。于是，在余额宝之后，互联网金融迅速成为了行业热点，一大批金融机构和互联网公司纷纷效仿，推出了各种类型的"宝宝"产品。

从功能上划分，我们可以将目前市场上的"宝宝"们分为四大类：

（1）支付功能型产品，以余额宝和理财通为代表，用户除了投资外还能迅速提现消费，功能上更为丰富。

（2）自力更生型产品，这类理财产品渠道销售费用上负担较轻，但开发新客户群体较为困难。不过，借着互联网金融大热的东风，多家基金公司在自家直销平台上大力贩卖自家的"宝宝"们，也取得了不俗的业绩，代表产品有汇添富现金宝、广发钱袋子，嘉实活期乐等等。

（3）携手互联网大佬型产品，通过借助拥有成熟客户群体的互联网"大佬"实现产品规模的迅速扩张，代表产品有微信理财通、百度理财。其中，微信理财通是微信平台推出的理财工具，凭借其6亿的优质客户群体，腾讯接收到了多家基金公司抛出的"红绣球"，并最终优选了华夏、易方达、广发以及汇添富四家进行合作，未来发展可期。

（4）银行型产品，以平安银行的"平安盈"、广发银行的"智能金"、工商银行的"天天益"等为代表产品。在余额宝等互联网理财产品的冲击下，广发银行、交通银行和平安银行等银行陆续与基金公司合作推出相关产品，银行选择正面迎击发行银行端现金管理工具。

上述这些互联网理财产品，投资门槛都很低，全部不高于1元，一般在工作日15点前申请的份额，T+1日就开始计息，15点之后的申请T+2日开始计息。相比市场上的无风险收益，宝宝们在兼具流动性的情况下收益也甩开了无风险收益一大截。

互联网理财产品正在改变传统的现金管理格局，这对于投资者来说无疑是最有利的。但是余额宝等互联网理财产品收益已经开始降低，在银行等金融机构的"围剿"下，互联网理财的吸金能力被大大地遏制了，不管其未来发展如何，这种金融创新已经极大地拓展了投资的边界。

⋯⋆ 第三方支付公司的收入来源 ⋆⋯

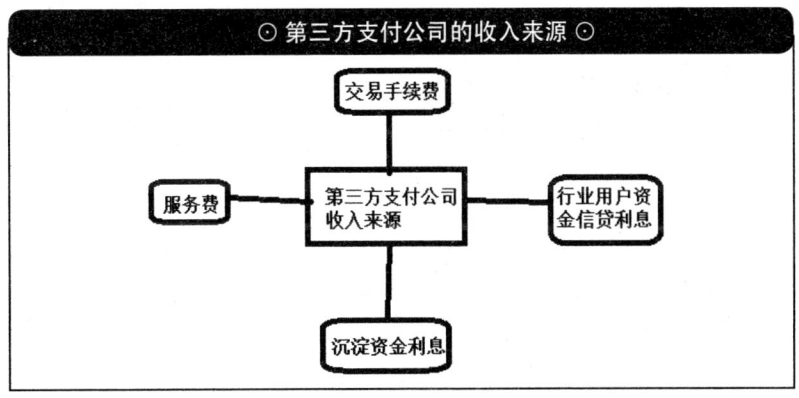

支付宝、理财通等"宝宝"类理财产品在移动金融领域掀起狂潮后，中国正式迈入"互联网金融时代"，而作为互联网金融领域最重要的工具，支付成为了互联网发展的最关键环节之一。于是第三方支付平台也随着互联网金融的兴起而兴起，个人的金融账户不再专属于传统金融机构，一些互联网公司也可以提供，如支付宝账户等。

那么，什么是第三方支付呢？第三方支付是指非金融机构作为收、付款人的支付中介所提供的网络支付、预付卡、银行卡收单以及中国人民银行确定的其他支付服务。这是一个广义的概念，而发展到了今天，第三支付已不仅仅局限于最初的互联网支付，早已成为了综合性的支付工具，从线上到线下全面覆盖。

第三方支付其实出现得很早。1999年，易趣网、当当网相继成立，网络购物产生了网上支付需求，于是中国的第一家第三方支付公司诞生了——首信易支付，但是它并不能算是真正的第三方支付，因为其功能非常单一，只是把用户的支付需求告知银行，转接到银行的网上支付页面。

到了2003年，淘宝设立支付宝业务部，开始推行"担保交易"，这是为了解决买卖双方互不信任的支付问题，吸引更多的网购人群，淘宝的CEO马云也在2005年的瑞士达沃斯世界经济论坛上首次提出了第三方支付平台的概念，从此第三方支付开始了火热的发展期。

目前，市场上第三方支付公司的运营模式可以归为两种。

1.独立第三方支付模式

第三方支付平台完全独立于电子商务网站，仅为用户提供支付产品和支付系统解决方案，不负担保责任，比如易宝支付、汇付天下、块钱等都属于此类。

2.担负担保责任的第三方支付模式

这种支付模式中，买方在电商网站选购商品后，使用第三方平台提供的账户进行货款支付，待买方检验物品后进行确认，就可以通知平台付款给卖家，这时第三方支付平台再将款项转至卖方账户。这种支付模式是基于自有B2C、C2C电子商务网站，比如支付宝、财付通就属于此类。

2015年，持有支付牌照的企业已达到269家。第三方支付的兴起，不可避免地对银行形成了挑战，这一点主要体现在结算费率及相应的电子货币或虚拟货币领域，而随着第三方支付的发展，它开始逐步涉及基金、保险等个人理财等金融业务，还可以以非常低的成本联合相关金融机构为其客户提供优质、便捷的信贷等金融服务，渗透到信用卡和消费信贷领域，银行的中间业务正在被其不断蚕食。而未来，第三方支付领域将会进行一次大整合，变成巨头们的大竞争。

第三方支付的创新和发展，也为金融行业带来了新的发展契机，但是要想更快更好的发展，这个行业可能还需要更多的监管和规范。

实操篇　打理金融生活

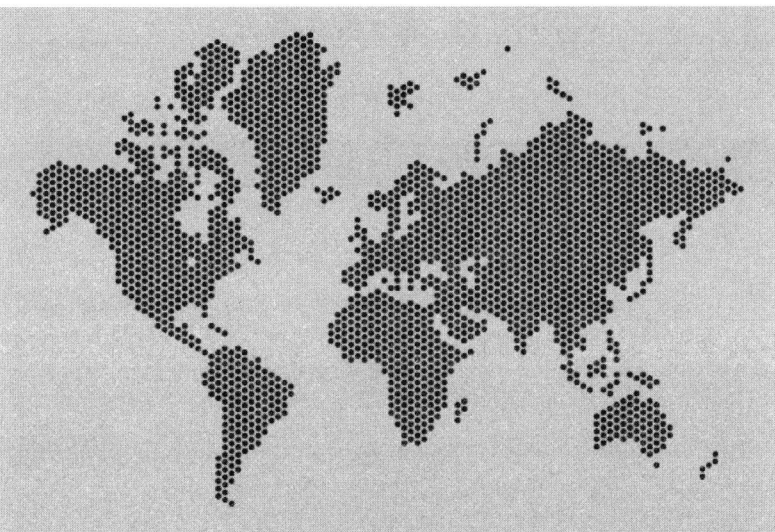

Chapter 9

畅享银行便捷服务，让钱更超值

⋯⋇ 用对银行，雇一个免费会计 ⋇⋯

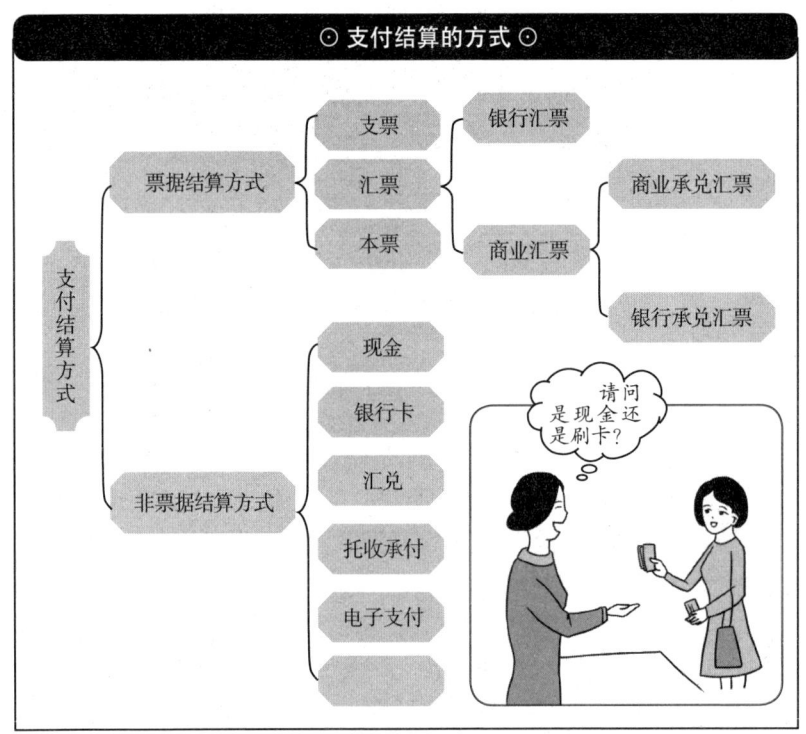

生活中，我们经常会发现自己口袋里的钱一下子就没有了，却不知道花到哪儿了，明明前两天还有200元钱，怎么一下子就只剩下一顿早饭的钱了呢？这在生活中是小事，可如果放到工作中，财务就会因为你的疏忽而忙得不可开交。这时候，我们打心眼里希望自己身边能有个贴身的会计，帮着自己记账，帮着自己管钱。不用愁，银行早就为你安排了一位贴身的会计，只是你没有发现而已。

　　2007年5月，为满足公众日益增长的金融服务需要，进一步提高银行支付结算服务效率和服务质量，有效解决办理银行业务排队等候时间过长的问题，中国人民银行发布了《关于改进个人支付结算服务的通知》。给人民的生活带来了极大的帮助，下面我们就一起来了解下什么是支付结算。

　　支付结算有广义和狭义之分。广义的支付结算是指单位、个人在社会经济活动中使用票据、银行卡和汇兑、托收承付、委托收款等结算方式进行货币给付及其资金清算的行为，其主要功能是完成资金从一方当事人向另一方当事人的转移。广义的支付结算包括现金结算和银行转账结算。而狭义的支付结算仅指银行转账结算，即1997年9月中国人民银行发布的《支付结算办法》中所指的支付结算。

　　在整个支付结算过程中，银行、城市信用合作社、农村信用合作社（以下简称银行）以及单位和个人（含个体工商户）是办理支付结算的主体。在所有主体当中，银行是支付结算和资金清算的中介机构。

　　支付结算根据标准的不同可以进行不同的类别划分。按照结算采用的不同形式，结算可分为现金结算和非现金结算两种。其中，现金结算是传统支付的一种，是指当事人直接用现金进行货币收付，了结其债权债务的行为。而非现金结算是指当事人通过银行将款项从付款单位的账户划到收款单位的账户来完成货币收付以清结债权债务的行为，故又称为转账结算或银行结算。然而，受现金管理制度的制约，在我国，现金结算只限于个人之间和单位之间结算起点以下的零星收支以及单位对个人的有关开支。

　　另外，按照结算使用的工具不同，又可分为票据结算和非票据结算两类。票据结算是以票据（汇票、本票和支票）作为支付工具来清结货币收付双方的债权债务关系的行为。而非票据结算是个人之间和单位之间以结算凭证为依据来清结债权债务关系的行为，如银行卡、汇兑、托收承付和委托收款结算等。

根据《支付结算办法》第16条规定，为了切实保障结算活动的正常进行，单位、个人和银行在办理支付结算过程中必须遵守以下三个原则。

1.恪守信用，履约付款原则

恪守信用，履约付款，是指办理支付结算的当事人之间，在办理支付结算时应按照事先的约定或承诺，严格遵守信用，行使各自的权利和严格履行各自的职责和义务。这是《中华人民共和国民法通则》诚实信用原则在转账结算中的具体表现，也是保障当事人经济利益，保证转账结算顺利进行的重要前提。

2.谁的钱进谁的账，由谁支配原则

银行在办理支付结算时，必须尊重资金所有者的资金所有权和支配权，切实做到谁的钱进谁的账，由谁支配，保证把收款人应收的款项及时准确无误地划入收款人账户。银行从存款人账户中支付款项时，要根据存款人的意愿和委托办理。这条原则既保护了单位和个人的合法权益，又加强了银行办理支付结算的责任，而且也是银行的信誉所在。

3.银行不代垫款原则

银行不垫款的原则由来已久，它是指银行在办理支付结算过程中，只负责将结算款项从付款人账户划转到收款人账户，而不承担垫付任何款项的责任。这条原则一方面保护了银行对其资金的所有权和支配权，另一方面促使单位和个人必须对其债务负责，而不得将自己的债务风险转嫁给银行。

…※ 汇兑结算，让钱也"漂移" ※…

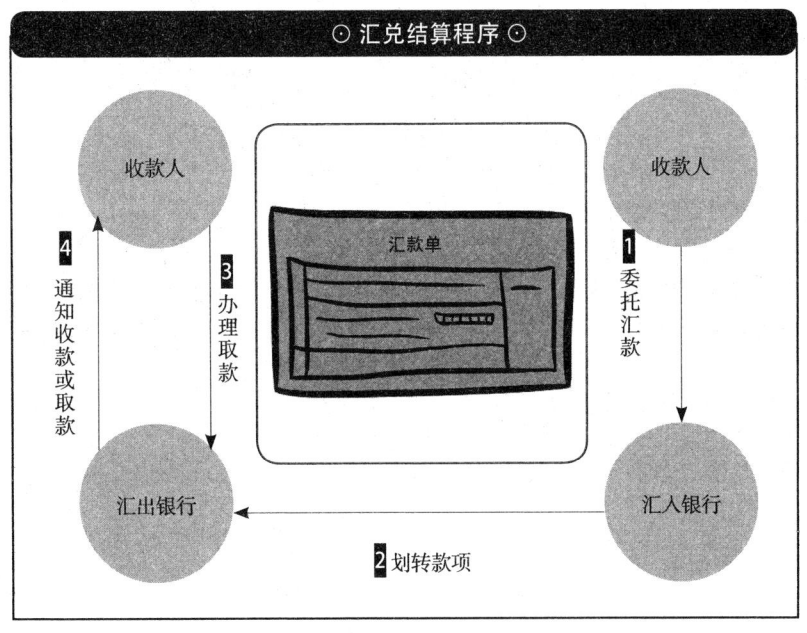

⊙ 汇兑结算程序 ⊙

收款人

收款人

汇款单

4 通知收款或取款

3 办理取款

1 委托汇款

汇出银行

汇入银行

2 划转款项

　　汇兑又称汇兑结算，是指汇款人委托银行将其款项支付给收款人的结算方式。单位和个人的各种款项的结算，均可使用汇兑结算方式。汇兑结算属于汇款人向异地主动付款的一种结算方式，它对于异地上下级单位之间的资金调动、清理旧欠以及往来款项的结算都十分方便。除了适用于单位之间的款项划拨外，也可用于单位对异地的个人支付有关款项，如退休工资、医药费、各种劳务费、稿酬等，还可用于个人对异地单位所支付的有关款项，如邮购商品、书刊等。因此，汇兑结算适用范围广，手续简便易行，灵活方便，是目前应用极为广泛的一种结算方式。

根据划转款项的方法不同以及通知方式的不同，汇兑结算可分为电汇、信汇两种形式。

1. 电汇

电汇是汇款人将一定款项交存汇款银行，汇款银行通过电报或电传发给目的地的分行或代理行（汇入行），指示汇入行向收款人支付一定金额的一种汇款方式。电汇手续简便，交款迅速，但汇款人需支付较高的电报费用和较高的手续费。

2. 信汇

信汇是汇款人向银行提出申请，同时交存一定金额及手续费，汇出行将信汇委托书以邮寄方式寄给汇入行，授权汇入行向收款人解付一定金额的一种汇兑结算方式。信汇的汇款费用较低，但邮递时间长，交款慢，紧急情况时不宜采用。

在汇兑结算方式的使用过程中，如果汇款人和收款人均为个人，需要在汇入银行支取现金的，应在汇兑凭证的"汇款金额"大写栏，先填写"现金"字样，后填写汇款金额。收款人在汇入行需要转汇的，应重新办理汇款手续，其收款人必须是原汇款的收款人；汇款人确定不得转汇的，应在汇兑凭证备注栏注明"不得转汇"字样。汇款人对汇出银行尚未汇出的款项可以申请撤销，对汇出银行已经汇出的款项可以申请退汇；转汇银行不得受理汇款人或汇出银行对汇款的撤销或退汇。汇入银行对收款人拒收的汇款或经过两个月无法交付的汇款，应主动办理退汇。

在这两种汇兑结算方式中，虽然信汇费用较低，但速度相对较慢；电汇具有速度快的优点，但汇款人要负担较高的电报、电传费用，因而通常只在紧急情况或者金额较大时使用。为了确保电报的真实性，汇出银行在电报上加注双方约定的密码；而信汇则不须加密码，签字即可。2004年，中国人民银行调整票据和结算凭证的种类和格式后，就已无电、信汇之分，统称为汇兑。随着金融电子化程度的提高尤其是现代化支付系统的推广，国内银行的信汇业务逐渐消失。

┄┄※ 不出门，委托收款搞定水电费 ※┄┄

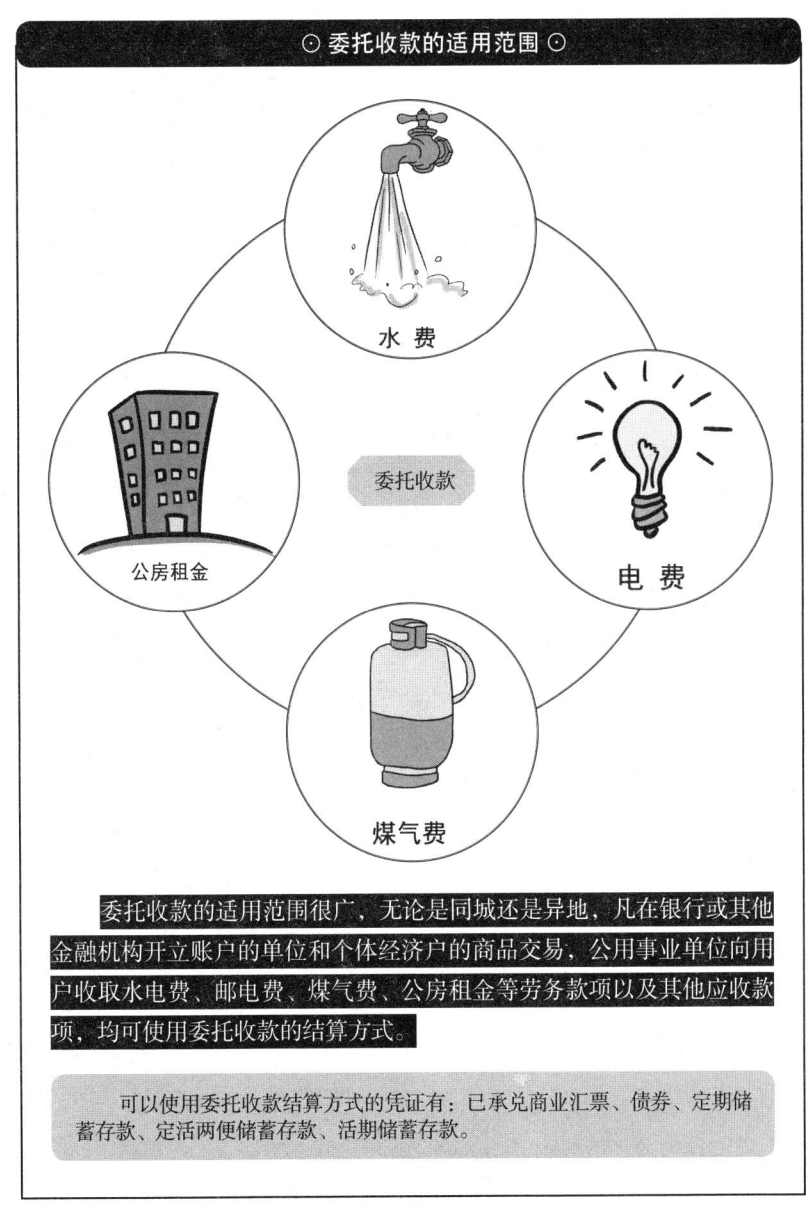

委托收款的适用范围很广，无论是同城还是异地，凡在银行或其他金融机构开立账户的单位和个体经济户的商品交易，公用事业单位向用户收取水电费、邮电费、煤气费、公房租金等劳务款项以及其他应收款项，均可使用委托收款的结算方式。

可以使用委托收款结算方式的凭证有：已承兑商业汇票、债券、定期储蓄存款、定活两便储蓄存款、活期储蓄存款。

生活中，人们从周一到周五天天上班，好不容易到了周末，恨不得花一天时间来睡觉，花一天时间来休息，真不想在这么悠闲的时候还要为交水费、电费而跑来跑去。这里不得不提的就是银行的委托收款业务了，银行非常体恤上班族的艰辛，推出了一系列便利的措施来优化我们的生活。

委托收款，是指收款人委托银行向付款人收取款项的结算方式。委托收款主要分为邮寄划回和电报划回两种方式，由收款人自由选择。前者是以邮寄方式由付款人开户银行向收款人开户银行转送委托收款凭证、提供收款依据的方式；后者则是以电报方式由付款人开户银行向收款人开户银行转送委托收款凭证，提供收款依据的方式。单位和个人凭已承兑商业汇票、债券等付款人债务证明办理款项的结算，均可以使用委托收款结算方式。

一般来说，付款人应于接到通知的三日内书面通知银行付款。付款人未在规定期限内通知银行付款的，视为同意付款，银行应于付款人接到通知日的第4日上午开始营业时，将款项划给收款人。银行在办理划款时，付款人存款账户不足支付的，应通过被委托银行向收款人发出未付款项通知书。按照有关规定，债务证明留存付款人开户银行的，应将其债务证明连同未付款项通知书邮寄给被委托银行转交收款人。

付款人审查有关债务证明后，对收款人委托收取的款项需要拒绝付款的，可以办理拒绝付款。以银行为付款人的，应自收到委托收款及债务证明的次日起三日内出具拒绝证明连同有关债务证明、凭证寄给被委托银行，转交收款人。以单位为付款人的，应在付款人接到通知日的次日起三日内出具拒绝证明，持有债务证明的，应将其送交开户银行，银行将拒绝证明、债务证明和有关凭证一并寄给被委托银行，转交收款人。

邮寄划回和电报划回的凭证均为一式五联。第一联为回单，由银行盖章后，退回给收款单位；第二联为收款凭证，收款单位开户银行作收入传票；第三联为支款凭证，付款人开户银行作为付出传票；邮寄的第四联为收账通知，是收款单位开户银行在款项收妥后给收款人的收账通知，电报划回的第四联为发电报的依据，付款单位开户银行凭此向收款单位开户银行拍发电报；第五联为付款通知，是付款人开户银行给付款单位按期付款的通知。

在这里要指出的是，由于委托收款与托收承付结算的程序、结算凭证的内容与联次等方面基本一致，因此，早在2004年中国人民银行就做出规定，将委托收款结算凭证与托收承付结算凭证合并为托收凭证。为区分委托收款结算与托收承付结算，在凭证中设有"业务类型"一栏，将采用的委托收款结算或托收承付结算方式在该栏中注明，用户在使用时应当留意。

⋯⁂ 无条件支付的汇票 ⁂⋯

⊙ 辨别假汇票五步走 ⊙

一看用纸	银行汇票和银行承兑汇票第三联为打字纸。银行汇票第二联采用印有出票行行徽水印纸。银行承兑汇票第二联统一采用人民银行行徽水印纸。
二看颜色	银行汇票和银行承兑汇票的有色荧光行徽及标记在自然光下颜色鲜红纯正，在紫外线照射下显示鲜明。
三看暗记	银行汇票和银行承兑汇票的无色荧光暗记以目视看不见为准，紫外线光下图案清晰。
四看规格	银行汇票和银行承兑汇票的纸张大小标准，规格为 $100 \times 175mm$。
五看填写是否规范	银行汇票和银行承兑汇票的小写金额必须是用压数机压的数；必须有签发行钢印，且钢印的行号与出票行行号相符；出票日期年月日必须是大写；必须有签发行经办人员名单；银行汇票在"多余金额"栏上方有密押数字；银行承兑汇票还须有付款单位的财务专用章及法人名章。

汇票

汇票是出票人签发的，委托付款人在见票时或者在指定日期无条件支付确定的金额给收款人或者持票人的票据。汇票本身就是一种有价证券，它对收款人而言是一种债权凭证，对付款人而言是一种债务凭证，所有当事人都必须依法行使票据权利，依法履行票据责任。汇票业务是货币市场的重要组成部分，汇票业务的发展，对规范经济秩序、约束市场主体行为、优化信用环境以及健全信用制度等，都具有不容忽视的作用。

自1995年首先在煤炭、冶金、电力、化工、铁道等五个行业推广使用商业汇票以来，商业汇票的使用量逐年增长。票据使用量的扩大，流通功能和信用功能的加强，对进一步发展和完善票据市场和中央银行实施货币政策奠定了基础。

一般来说，汇票可分为银行汇票和商业汇票。由银行签发的汇票为银行汇票，由银行以外的企业、单位等签发的汇票为商业汇票。

1. 银行汇票

银行汇票是由单位或个人将款项交存银行，由银行签发给其持往异地办理转账结算或支取现金的票据。银行汇票的基本当事人只有两个，即出票银行和收款人，而银行既是出票人，又是付款人。银行汇票已成为被使用最广泛的支付工具之一，它具有票随人到、方便灵活、兑付性强的特点，深受广大企事业单位、个体经济户和个人的欢迎。其使用范围广泛，使用量大，对方便异地采购起到了积极的作用。

2. 商业汇票

商业汇票是企事业单位等作为出票人签发的，委托付款人在付款日期无条件支付确定金额给收款人或持票人的一种汇票。商业汇票一般有三个当事人，即出票人、付款人和收款人。按照承兑人的不同，商业汇票主要分为商业承兑汇票和银行承兑汇票。银行承兑汇票由银行承兑，商业承兑汇票由银行以外的付款人承兑。商业汇票适用于企业单位先发货后付款或双方约定延期付款的商品交易。这种汇票经过购货单位或银行承诺付款，承兑人负有到期无条件支付票款的责任，对付款单位具有较强的约束力，有利于增强企业信用意识，促进企业偿付货款。

商业汇票主要用于同城或异地企业单位根据购销合同先发货、后延期付款的结算。企业单位急需购货，但暂时没有资金，可与销货单位签订购销合同使用商业汇票，确定期限延期付款。销货单位也可以通过商业汇票的贴现或转让及时得到所需资金。但在使用商业汇票过程中具有一定的要求，它要求在银行开立存款账户的法人以及其他组织之间必须具有真实的交易或债权债务关系时才能使用。

…※ 你了解什么是支票吗 ※…

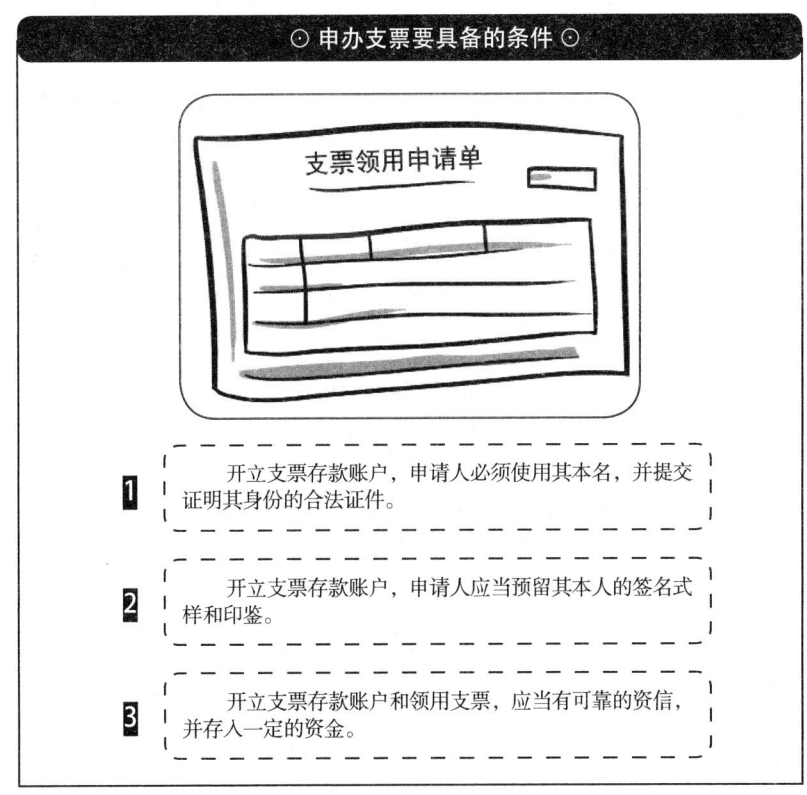

◎ 申办支票要具备的条件 ◎

支票领用申请单

1 　　开立支票存款账户，申请人必须使用其本名，并提交证明其身份的合法证件。

2 　　开立支票存款账户，申请人应当预留其本人的签名式样和印鉴。

3 　　开立支票存款账户和领用支票，应当有可靠的资信，并存入一定的资金。

　　我国《票据管理实施办法》第31条规定：签发空头支票或者签发与其预留银行签章不符的支票，不以骗取财物为目的的，由中国人民银行处以票面金额5%但不低于1 000元的罚款；持票人有权要求出票人赔偿支票金额2%的赔偿金。对屡次签发的，银行应停止其签发支票。

　　支票也是票据的一种，是由出票人签发的委托办理支票存款业务的银行或者其他金融机构在见票时无条件支付确定的金额给收款人或者持票人的票据。支票是在中国最普遍使用的非现金支付工具，用于支取现金和转账。在过去相当长的一段时间里，我国尚不允许个人使用支票。直到《人民币支付结算管理办法》出台后，才规定从2003年9月1日起，允许并提倡个体经营户和个人在银行开户使用支票结算，以减少现金使用，满足不同层次经济活动的需要。在全国支票影像交换系统运行后，支票全国通用。

作为一项较为传统的结算工具，个人支票也是一种信用凭证，它具有现金和银行卡结算方式无法比拟的优势：个人支票有利于商业银行开拓个人金融业务，减少现金流通，提高社会信用。单位和个人在使用支票结算时一定要遵守信用，必须在银行存款余额内签发支票，严禁签发空头支票。空头支票以及签章与预留银行签章不符的支票，银行予以退票，并按规定给予处罚。中国人民银行一直重视个人支票的推广工作，目前，在一些经济发达地区已经有一定量的个人支票在使用。随着个人征信系统的建立和完善，个人支票业务发展前景广阔。

支票的基本当事人有三个：出票人、付款人和收款人。支票按用途可以分为现金支票、转账支票两种。现金支票只能用于支取现金，转账支票只能用于转账，不得支取现金。使用支票手续简便、灵活，还可以在支票背后签字将该支票转让给他人，便于商品交易和款项结算。收款人将支票交存银行，一般当天或次日即可入账用款。在同一票据交换区域内的商品交易、劳务供应、清偿债务等款项支付，均可以使用支票。

付款人在填写支票时需要注意的是，该大写的数字必须大写，大写数字的写法是：零、壹、贰、叁、肆、伍、陆、柒、捌、玖、拾。其中，壹月、贰月前零字必写，叁月至玖月前零字可写可不写。拾月至拾贰月必须写成壹拾月、壹拾壹月、壹拾贰月（前面多写了"零"字也认可，如零壹拾月）。壹日至玖日前零字必写，拾日至拾玖日必须写成壹拾日及壹拾某日（前面多写了"零"字也认可，如零壹拾伍日），贰拾日至叁拾壹日前面不加零。并且，在填写支票的过程中，不能有涂改痕迹，否则该支票作废。受票人如果发现支票填写不全，可以补记，但不能涂改。

在结算过程中，如果票据遗失或被盗，持票人仍享有票据权利。根据我国《票据法》规定，一旦支票丢失，失票人可以及时通知票据的付款人挂失止付，防止票据被他人冒领。失票人应当在通知挂失止付后3日内（或在票据丧失后），依法向人民法院申请公示催告或提起诉讼。

⋯❋ 如何打理银行卡 ❋⋯

在介绍如何打理银行卡之前，我们先来了解一下银行卡的基本知识。银行卡是由银行发行、供客户办理存取款等业务的一种新型服务工具的统称。银行卡包括信用卡、支票卡、自动出纳机卡、记账卡和灵光卡等。你一定发现我们使用的各种银行卡都是塑料制成的，所以我们又称之为"塑料货币"。

20世纪70年代以来，由于科学技术的飞速发展，特别是电子计算机的广泛运用，使银行卡的使用范围不断扩大。银行卡包括信用卡、支票卡以及记账卡和灵光卡等，具体可从以下几个方面来进行分类：第一，按照发行主体是否在境内，分为境内卡和境外卡；第二，按账户币种不同分为人民币卡、外币卡和双币种卡；第三，按是否给予持卡人授信额度，分为信用卡和借记卡等。

随着社会的发展，银行卡已深入我们生活的诸多方面。曾有人调侃道，"现在社会没有卡是出不了门的：手机里有电话卡，钱包装满了各种会员卡、打折卡、白金卡，工商银行、中国银行、农业银行等各类银行的银行卡。"王女士说："为了装这些卡，我都装坏好几个钱包了。"银行卡不仅减少了现金和支票的流通，而且使银行业务突破了时间和空间的限制而发生了根本性变化。银行卡自动结算系统的运用，使一个"无支票、无现金社会"的到来成为现实。

既然银行卡在我们的生活中发挥着越来越大的作用，那我们就更应该懂得如何打理银行卡。学会合理使用银行卡已成为当务之急。

首先，鉴于目前市场上的银行卡主要包括借记卡和信用卡，我们建议普通市民持卡的最佳组合应该是两张借记卡加一张信用卡。其中，用安全性最好的借记卡来存储工资，另一张借记卡用来进行日常的开支存储业务，最后用信用卡来合理消费，各卡之间可以灵活流通，达到最佳使用。此外，采取一行办一卡的原则，依据个人需求选择卡的种类和相应的功能，避免卡多导致管理复杂。比如，目前大部分银行都有小额账户收费情况，卡太多了，容易成为小额账户，长时间不管理往往出现钱越存越少的情况，客户和银行之间如果没有良好的沟通，严重者甚至会引起司法纠纷。此外，信用卡不宜过多，而且尽量不要以卡养卡，这样容易养成过度消费的习惯，而且不好管理；如果有不良信用记录，将会影响以后的信贷申请。

其次，为了节日购物优惠而开卡。如今，各银行竞争激烈，一个人手上可能持有好几张不同银行的卡。因此，银行对提高各自银行卡在商户的使用效率十分重视。近年来，人们对信用卡等银行卡的需求大大增加，甚至两三张卡都不能满足其消费支出的需要。面对这个情况，银行当然不会放过这个提高利润、抢占市场的大好时机。

精明的刘小姐算了一笔账，商场节日做活动抢购的东西多，刷卡可以免去挤抢时携带大量现金的不便。"一方面享受了商场的打折优惠，一方面还可得到使用银行卡活动送的礼物或礼券，信用卡消费积分以后还可以再兑换小礼品，有多重优惠，很划算"。而黄小姐更是厉害："现在销卡不需要任何费用。由于节日消费的金额比较多，可以多办一些卡，攒够积分就去换礼品。等过了消费的旺季，把账还清，就去销卡。"

再次，刷卡就刷银联卡。现在各大商场经常有打折等优惠活动，不少商品的价格都十分令人心动，专家指出，刷卡消费时最好刷银联卡，尤其是内地居民到港澳地区消费，最实惠的还是刷银联卡。据了解，使用银联标准卡在港澳地区消费，对持卡人来说，比其他类型的银行卡更划算，尤其是可以免去货币转换手续以及无须支付回避转换费用。

最后，应注销长期不使用的卡。如今，信用卡多存在年费的问题，长期不使用会导致产生年费。据林女士介绍，为帮银行的朋友完成业务，她办了某银行的信用卡，一年内从没用过。前几天突然接到通知，提醒她要交100元年费。她打电话向该行咨询后才知道近期用卡5次即可免年费，得知取现或刷卡消费都算用卡，林女士便持卡在自动取款机上取了5次款，却发现此卡每次取现时都得交至少30元的手续费，即自己须支付150元的手续费。

总而言之，消费者首先应该整合手中的银行卡，把众多闲置、无用的卡注销，这样既可避免小额账户收费，也可少付银行卡年费。之后在申请和开办新银行卡的过程中，消费者也须明白是否满足自己的实际需要，不可盲目办卡。打理银行卡其实也是理财的重要组成部分，因此消费者千万不可以大意。

····※ 网上银行免除排队麻烦 ※····

⊙ 怎样安全地使用网上银行 ⊙

一是要保管好卡号、密码和个人客户证书：将登录密码、支付密码和证书密码设为不一样的数字与字母组合。

二是要保护好计算机安全，安装个人防火墙和正规杀毒软件，定期更新杀毒软件及定期查杀病毒，定期下载安装最新的操作系统与浏览器补丁。

三是注意使用网上银行过程中的系统提示，在登录个人网上银行系统时，如果系统提示您的前次登录时间、交易过程中有任何您感觉的异常情况，要引起高度重视，仔细查看您的交易情况。

四是不要使用公共电脑（如网吧）登录网上银行；不要使用浏览器自动记忆功能；使用完毕后要先拔出U盾等工具再退出网上银行。

你一直和我在一起，怎么就被盗刷了呢？

网上银行是指银行在互联网上建立站点，通过互联网向客户提供账户查询（或其他信息服务）、网上支付和资金转账等金融服务。网上银行既减少了银行的固定网点数量、降低了银行的经营成本；也让客户可以不受空间、时间的限制，只要有可以上网的设备，无论在家里，还是在旅途中都可以与银行相连，享受每周7天、每天24小时的不间断服务。

客户如果需要使用网上银行服务，只要到银行柜台申请办理此项业务。签约并在合同生效后，银行会将客户指定的账户与网上银行绑定，通过使用银行提供的客户身份确认工具，如密钥U盘、密码刮卡、密钥文件等，客户能够通过个人电脑登录网上银行，完成包括支付结算业务在内的各类业务。

网上银行是一个开放的体系，是全球化的银行。它利用因特网提供全球化的金融服务，可以快捷地进行不同语言文字之间的转换，为银行开拓国际市场创造了条件，也为客户提供了更多的金融服务。传统银行通过设立分支机构开拓国际市场，而网上银行只需借助因特网，便可以将其金融业务和市场延伸到全球的每个角落，把世界上每个公民都当作自己的潜在客户去争取。网上银行的开展无疑是金融运营方式的一次革命，它使得银行之间的竞争突破国界变为全球性竞争。

据统计，截至2014年年末，我国银行业金融机构网上银行个人客户达到90 000.00万户，企业客户达到1 811.4万户。

网上银行不仅关乎银行业务本身的发展，也关乎广大客户的切身利益。随着网上银行业务的快速发展，大量曝光的网上银行账户被盗事件让人心惊肉跳，不法分子通过窃取客户的卡号和密码，大量盗窃资金和冒用消费，使得银行推广网上银行面临非常巨大的风险。因此，对网上银行的监管至关重要。许多国家也都制定了比较完善的法律框架和监管规则，以加强对网上银行的监管。

我国的网上银行业务发展很快，但目前银行的内控机制较薄弱，技术基础较差，社会信用制度不够健全。同时，随着金融业进一步对外开放，网上银行等现代科技与管理手段的广泛运用，使得我国金融业的竞争也日趋激烈。在这种情况下，发展网上银行业务，对银行和金融监管部门都是严峻的挑战。尽快制定符合我国实际的网上银行监管规则，加强对网上银行业务的监管，已迫在眉睫。

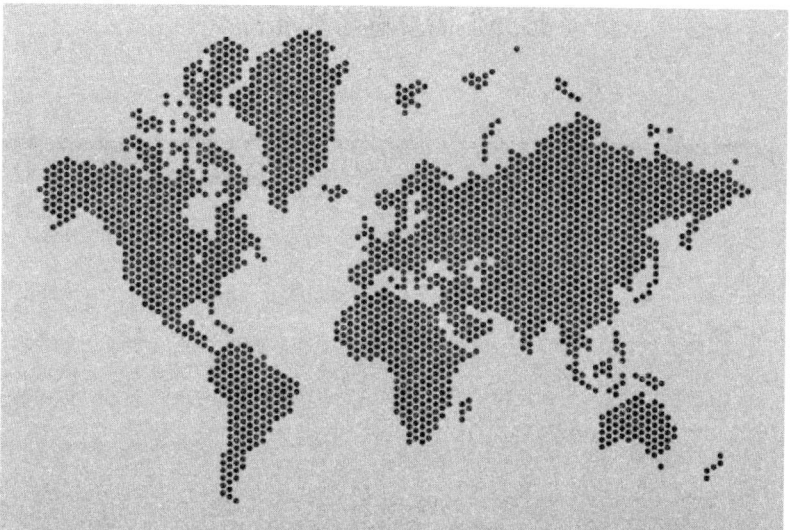

Chapter 10

外汇变钞，钱生钱的密码

…※ 炒外汇需要做哪些准备 ※…

⊙ 外汇保证金交易学习入门的几点建议 ⊙

炒外汇 您准备好了吗？

对了，如果你是新手可以去FXCM环球金汇注册外汇模拟账户先免费注册个玩玩。看看模拟炒外汇是怎么炒的，慢慢你就懂了。

1. 基础知识是必要的，建议看看《炒黄金炒外汇入门》《日本蜡烛图曲线》《超短线大师》《炒外汇A-Z》，也可以在网上收集一下资料。FXCM环球金汇的免费电子书的下载专区下载里面有免费这本书和其他外汇技术免费电子书。

2. 要选一个主流的平台，需要受FSA监管或者NFA监管，说明他们操作和资金流转上都是否规范和认真，是否保障我们的安全，英国FSA监管最严格，一般FXCM，FXSOL知名度比较高。

3. 选一个好的代理商。最好是一级代理商。正规一级的，口碑是慢慢沉淀的，所以操作都很正规。不加佣金和其他手续费，服务及时和素质专业，对你的资金安全也有保障。

5. 保持好的心态 盈利很正常。（备注:你本人也需懂得一些基本的外汇知识。）

4. 交易的时候要设好止损，控制好仓位，这点很重要。

随着国际化进程的加快，外汇投资成为我国新的投资热点。近年来，个人外汇投资产品层出不穷。市场上各种外汇投资产品的收益和风险高低不同，产品期限、结构和门槛也各不相同。投资者应该清醒地看到外汇投资往往伴随着一定的汇率及利率风险，所以必须讲究投资策略，在投资前最好制订一个简单的投资计划，做到有的放矢，避免因盲目投资造成不必要的损失。

1. 了解个人的投资需求及风险承受能力

不同的外汇投资者有不同的投资需求及风险承受能力，比如，一些人资本雄厚，他们的外汇主要用于投资升值，风险承受能力较强；另一些人资本较少，因此他们虽然也进行外汇投资，但厌恶风险，将保本作为投资底线；也有部分人持有外汇，可能在未来有留学、境外旅游、境外考试等其他用途，不但风险承受能力有限，连投资期限也有一定限制。因此，投资者只有充分了解自己的投资需求和风险承受能力，才能够选择适合自己的外汇投资产品。

2. 投资者应根据个人实际情况制定符合自己的投资策略

投资者在明确了个人的投资需求后，就可依据自己的投资预期目标来制定投资策略。投资升值需求强烈、风险承受能力强的投资者，可将部分资金用于外汇买卖或投资风险较大、投资回报率较高的外汇投资产品，并配合一些保本型投资以控制风险；而风险承受能力较差或是以保值为主要目的的投资者，则可将大部分资金用于投资一些保本型的投资产品。

通常，投资者可适当进行分散投资，分别投资不同类型的投资产品，或不同的币种，从而有效地分散投资风险。投资产品或外汇币种的比重可根据自己的偏好来决定。但是，资金薄弱的投资者是很难进行分散投资的，在这种情况下，选择一种最佳的投资产品就显得尤为重要。

3. 投资者要充分了解投资产品的结构

投资者要想赢利，就需要在最合适的时机，选择最合适的投资产品。因此，投资者不仅应该对国际金融市场有一个基本的认识，还应对各种投资产品的结构特性有一个全面的了解。比如，当预测到某一货币将持续走强时，投资者就可以通过"外汇宝"买入该货币，也可以投资与该货币汇率挂钩的投资产品以提高存款收益；在利率缓步上扬的市场中，投资者可以考虑投资收益递增型或是利率区间型投资产品；而在利率稳定或逐步下降的市场环境下，与投资利率反向挂钩型产品则可以为投资者带来较高的投资收益。

有经验的投资者对于外汇投资有这样一种深刻的体会：只有投资前认真做好准备，才能够找到最适合自己的投资渠道，真正从外汇投资中获得收益。

……※ 外汇交易的几种方式 ※……

世界经济风云变幻，国际外汇市场潮起潮落，正确判断市场，能够让投资者在外币兑换之间获得可观的汇差收益。投资者可以接触一下个人外汇买卖，以增加对外汇汇率波动的敏感度。

个人外汇买卖又称"外汇宝"，是指银行参照国际外汇市场汇率，为境内居民将一种外汇直接兑换成另外一种外汇的业务。也就是个人客户在银行进行的可自由兑换外汇（或外币）间的交易。个人外汇买卖一般有实盘和虚盘（保证金）之分。

在进行个人外汇买卖交易的过程中，客户可以以下四种具体方法来进行交易。

1. 柜台交易

客户可以到银行柜台办理交易。

如果客户进行柜台交易或自助交易，交易时间仅限中国银行正常工作日的工作时间，一般为9：00至17：00，有的分行可延长至21：00，公休日、法定节假日及国际市场休市均不办理此项业务。

2. 电话交易

客户通过电话完成买卖交易而不需要到银行柜台办理。电话交易的时间较柜台交易相对延长，各省市的情况略有不同，一般为早上8：30至晚上21：00，有的分行可延长至次日凌晨，同样，公休日、法定节假日及国际市场休市均不办理此项业务。电话交易的方法是：

（1）客户须先持身份证到银行开立个人外汇买卖电话交易专用存折，预留密码；

（2）进行电话交易之前，客户先领取电话委托交易规程和操作说明，将填好的电话交易申请和身份证、存折交柜台，设定电话委托交易的专用密码；

（3）按照各银行的交易规程进行交易；

（4）电话交易完成后客户可以通过电话查询证实。

3. 自助交易

投资者按照银行交易网点的电子交易设备进行交易，步骤是：按照交易终端的提示，点触屏幕菜单或键入数字，可以完成查询汇率牌价和行情走势、完成即时交易、打印成交对账单、补登存折等业务。

4. 网上交易

投资者借助电脑和因特网向银行传达交易指令，并可划拨资金、查询行情、证实交易。网上交易有可能成为未来外汇买卖最有发展前途的交易方式。

⋯⁂ 外汇交易的基本流程 ⁂⋯

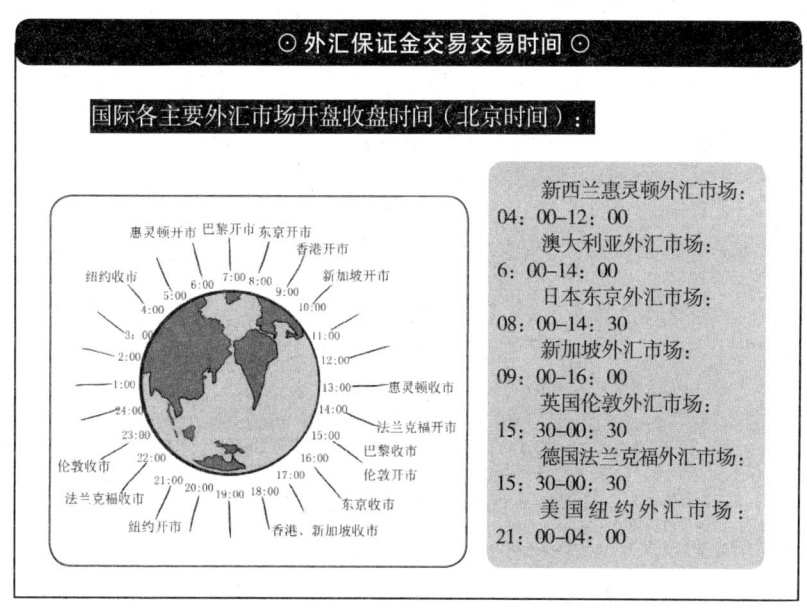

凡持有有效身份证件、拥有完全民事行为能力的境内居民，均可进行个人实盘外汇交易。中国银行、中国农业银行、中国工商银行、中国建设银行、中国交通银行和中国民生银行等都有个人外汇买卖业务。

外汇交易的基本流程主要包括：开户、报价、交易、确认四个环节。

1. 开户

外汇交易与股票交易一样，第一步必须开户。外汇实盘交易的开户程序如下：

（1）选择开户银行。根据个人偏好选择开户银行。

（2）开户并存入外汇。携带有效身份证明到银行开立外汇买卖账户，签署《个人实盘外汇买卖交易协议书》，存入外汇，也可以将已有的现汇账户存款转至开办个人外汇买卖业务的银行，再办理网上交易和电话委托交易开户手续。

如果采用柜台交易，中国银行、中国交通银行没有开户起点金额的限制，中国工商银行、中国建设银行开户起点金额为50美元；如果采用电话交易，中国交通银行的开户起点金额为300美元等值外币，中国工商银行的开户起点金额为100美元等值外币。

（3）确定交易策略和制订交易计划。制定一份外汇交易的计划有很多原理和细则，但若归结为最简单的要素，则无非是制定出一个进入和退出任一交易的起点，不管此项交易最终是否有利可图。一旦确定了这个起点，价格水平的变化就可归结为上升、下降或维持原状。交易计划必须为进入实际交易市场制定行动蓝图，一旦价格水平发生如上所述三种变化中的任何一种，交易人就可根据计划做出卖或买的决定。

（4）建立日常的汇市信息来源渠道。对于非专业的外汇投资者来说，加入专门性的门户网站成为免费会员，可以获取"外汇通"专为外汇投资者提供的资讯、信息、培训、操作建议、理财等一站式服务。资金大而不能自己操作的投资者，可以委托专业公司和交易员管理自己的外汇资产，省时省力省心，坐享投资之利。

2. 报价

开户后，要重点学会报价。投资者可到银行大厅中直观研究，也可以在家里上网看盘，这与炒股一样。外汇买卖的报价其实是两种货币的汇率，或者说是一种比率。比如说美元／日元，就是指拿美元兑换成日元，或拿日元兑换成美元的汇率。由于银行的报价是参照国际金融市场的即时汇率加上一定幅度的买卖点差报价，所以汇率变化是随着国际市场的变化而变化的。

投资者在报价时要记住一条基本的策略："贵"买"贱"卖。即当你要买某种货币时，用的是这两个报价中不利于你的那个汇率，也就是比较贵的报价；当你要卖某种货币时，也要用这两个报价中不利于你的那个汇率，也就是比较便宜的报价。

3. 交易

投资者开户后，可以自己拟订一个交易计划，对什么商品、什么价格买入或卖出应心中有数，然后便可以开始交易了。

外汇交易的方式有很多种，例如，柜台交易、电话交易、自助交易和网上交易。投资者可以依据自己的实际情况，选择较为适合自己的一种方式进行交易。

4. 确认

投资者在交易完成之后，须将个人外汇买卖申请书或委托书，连同本人身份证、存折或现金交给柜台经办员审核清点。经办员审核无误后，将外汇买卖证实书或确认单交投资者确认，成交汇率即以该确认单上的汇率为准。

投资者确认了交易的汇率、买卖货币的名称以及买卖金额之后签字，即为成交。成交后，该笔交易不得撤销。外汇交易的流程至此也就全部完成了。

对外汇交易的具体流程有了详细的认识，然后按部就班地进行外汇交易，有助于避免交易时浪费时间。

……❋ 外汇交易的平台的选择 ❋……

进行外汇保证金交易就要选择好的交易平台，几乎所有的外汇保证金投资者都面临着这样的难题。提供平台的券商虽然不能说是多如牛毛，但也的确称得上是数量繁多了，美国的、欧洲的、澳洲的、亚洲的、非洲的，让投资者无所适从。

目前进入中国的外国保证金公司大约有几百家，那么怎样才能选到适合自己的交易平台？在选择时需要注意以下几个方面。

1. 要有良好的监管制度

在市场出现较大波动的情况下，风险控制能力较弱的保证金公司也并不是没有亏钱甚至破产的可能。因此，选择监管适度的国家的保证金公司比较安全，这样在出现系统性金融风险时投资者的保护网将有大银行和国家两层，投资者会得到一定程度的保护，保证金公司破产的风险较小。

2. 保证金平台要有较好的稳定性

保证金平台本身运转的稳定性及其与国际市场（报价）数据的一致性非常重要。由于风险管理的水平和能力不同、平台所用软件的性能和先进程度（服务器大小）不同，以及网络服务器距离中国远近的不同等原因，各家保证金平台运转的稳定性差别很大。稳定性差的平台当国际市场发生大波动时甚至经常死机，使投资者无法交易，这样的平台当然不能选。有的平台稳定性差，佣金或点差是随价格变动而浮动的，这种平台最好也别选。

3. 出入金渠道必须畅通

与出金相比，入金可能更重要，因为保证金交易可能出现必须立刻补仓的需求。如果渠道不畅通，一笔汇款3天才到，投资者的仓可能早爆了。当然，出金也要快，但是，安全更重要。由于保证金公司与投资者都是不见面的，大多数情况下是通过网络联系，为了避免内部人"盗窃"投资者的资金，许多保证金公司都要求投资者在出金时必须在"出金申请"上亲笔签字。有投资者可能认为这很烦琐，但这是保护投资者的必需。必须承认，现在大多数保证金公司存在地下通道出入金的问题，而能够解决这一问题的保证金公司非常少，因此，投资者最好选择有正规出入金渠道的保证金公司。

4. 公司要有诚信

现在有一部分保证金公司存在很多道德问题。有的保证金公司以为它们在海外注册，投资者难以讼告他们，因此经常变换收费标准和隔夜利息计算方法，甚至调整点差，制定"霸王"条约。因此，初选保证金公司的投资者必须问清：①佣金等收费标准和隔夜利息的计算方法会不会任意变动；②交易点差是不是固定，会不会随着行情变化而任意调整。更要到网上查一查，这家公司有没有"霸王开店"的"前科"，有没有随意变更交易费用的恶行！

5. 交易成本要合理

目前，各家保证金公司的交易费用也是千差万别，有的高达20点，有的只有两三点，有的甚至在广告中宣称没有点。必须强调，任何保证金交易公司都必须支付成本，而且主要是交易成本。因此，没有成本或成本很低未必就好。正常来说，一般4个点左右是保证金公司能够维持正常运转的保本点，6个点有正常的赢利。高于6个点，属于费用偏高，低于3个点则有可能是骗局，投资者要小心。

6. 尽量选择在国内有代理咨询服务机构的保证金公司

客观地讲，敢于公开地代理境外保证金公司业务的国内机构非常少，但不等于没有。境外保证金公司大都远在国外，而投资者经常会遇到许多问题需要咨询。如果什么事都打国际长途，那么对于投资者来说是很不公平的。而国内有代理，可以随时帮助投资者解决开户、出入金以及操作中出现的各种问题，并且为投资者提供各种各样的咨询服务，包括操作技术支持。所以，对于投资者尤其是个人投资者来说，选择国内有代理咨询服务机构的保证金公司是上上之选。

⋯⋯※ 外汇买卖的5种技巧 ※⋯⋯

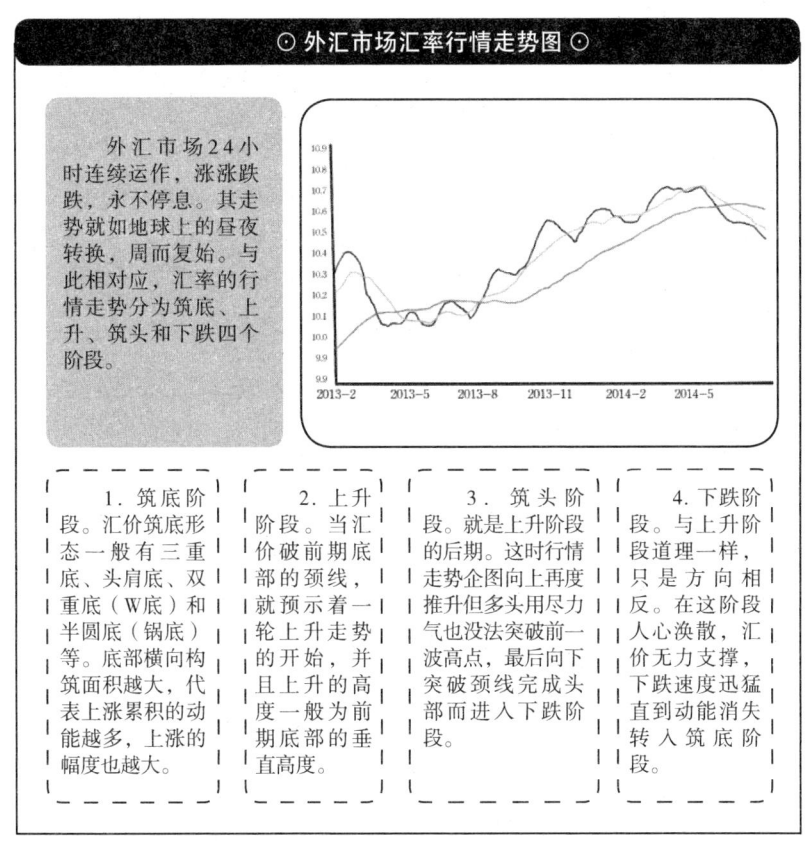

◎ 外汇市场汇率行情走势图 ◎

外汇市场24小时连续运作，涨涨跌跌，永不停息。其走势就如地球上的昼夜转换，周而复始。与此相对应，汇率的行情走势分为筑底、上升、筑头和下跌四个阶段。

1. 筑底阶段。汇价筑底形态一般有三重底、头肩底、双重底（W底）和半圆底（锅底）等。底部横向构筑面积越大，代表上涨累积的动能越多，上涨的幅度也越大。

2. 上升阶段。当汇价破前期底部的颈线，就预示着一轮上升走势的开始，并且上升的高度一般为前期底部的垂直高度。

3. 筑头阶段。就是上升阶段的后期。这时行情走势企图向上再度推升但多头用尽力气也没法突破前一波高点，最后向下突破颈线完成头部而进入下跌阶段。

4. 下跌阶段。与上升阶段道理一样，只是方向相反。在这阶段人心涣散，汇价无力支撑，下跌速度迅猛直到动能消失转入筑底阶段。

汇市风云变幻，谁能第一时间把握市场变化，谁就能在汇市中抢占先机。外汇市场有一些特征明显的交易日，明确地指示出目前市场的真实意图，把握好获胜概率较高的交易机会，对于赢利有很大的帮助。

投资的基本策略是一致的，在更为复杂的外汇市场上更是如此。具体到每个投资者的策略虽然会有所不同，但有一些是基本的。如下经验和教训的总结，对各种投资者来说，都具有十分重要的参考价值。

1. 学会建立头寸、斩仓和获利

建立头寸即开盘。开盘也叫敞口，就是买进一种货币，同时卖出另一种货币的行为。开盘之后，长了（多头）一种货币，短了（空头）另一种货币。选择适当的汇率水平以及时机建立头寸是赢利的前提。如果入市时机较好，获利的机会就大；相反，如果入市的时机不当，就容易亏损。

斩仓是在建立头寸后，所持币种汇率下跌时，为防止亏损过大而采取的平盘止损措施。

2. 买涨不买跌

外汇买卖同股票买卖一样，宁买升，不买跌。因为价格上升的过程中只有一点是买错了的，即价格上升到顶点的时候，除了这一点，其他任意一点买入都是对的。在汇价下跌时买入，则只有在一点买入是对的，即汇价已经落到最低点，除此之外，其他点买入都有是错的。由于在价格上升时买入，只有一点是买错的，但在价格下降时买入只有一点是对的，因此，在价格上升时买入赢利的机会比在价格下跌时大得多。

3. 切忌盲目

成功的投资者不会盲目听从旁人的意见。当每人都认为应该买入时，他们会伺机沽出。当大家都处于同一投资位置，尤其是那些小投资者都纷纷跟进时，成功的投资者会感到危险而改变路线。这和逆反的理论一样，当大多数人说要买入时，就该伺机沽出。真理有时掌握在少数人手里。

4. 不要在赔钱时加码

在买入或卖出一种外汇后，遇到市场突然以相反的方向急进时，有些人会想加码再买或卖，这是很危险的。例如，当某种外汇连续上涨一段时间后，交易者追高买进了该种货币，之后突然行情扭转，猛跌向下，投资者看到亏了便想在低价位加码买一单，企图拉低头一单的汇价，并在汇率反弹时，二单一起平仓，避免亏损。这种加码做法十分不可取。如果汇价已经上升了一段时间，你买的可能是一个"顶"，如果越跌越买，连续加码，但汇价总不回头，那么结果无疑是恶性亏损。

5.重势不重价

投资者进行交易时，买入某种货币是因为预期它将升值，事先买入待其升值后再卖出以赚取差价。在这个过程中，正确做法是，认准大势，迅速出击，不要被眼前的利益所迷惑，只要它还能涨，今天任何时候买明天再看都是对的，今天的最高价也许就是明天的最低价。

交易大师吉姆·罗杰斯说："我只等着大把钞票堆在墙角，才走过去，毫不费力地捡起来。别的，我什么也不做。"确实，外汇市场上存在大量的"捡钱"机会，关键是投资者如何巧妙地把握住这些机会。

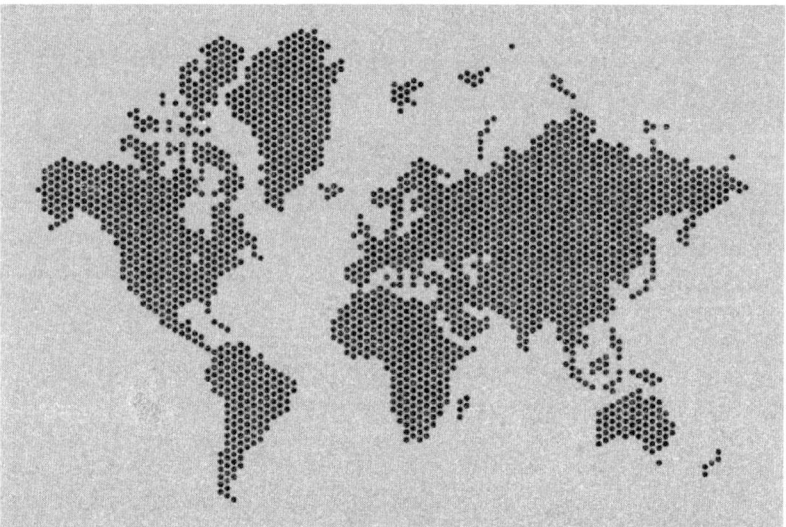

Chapter 11

股票创富，挖掘财富金矿

···❋ 股票：天才的发明 ❋····

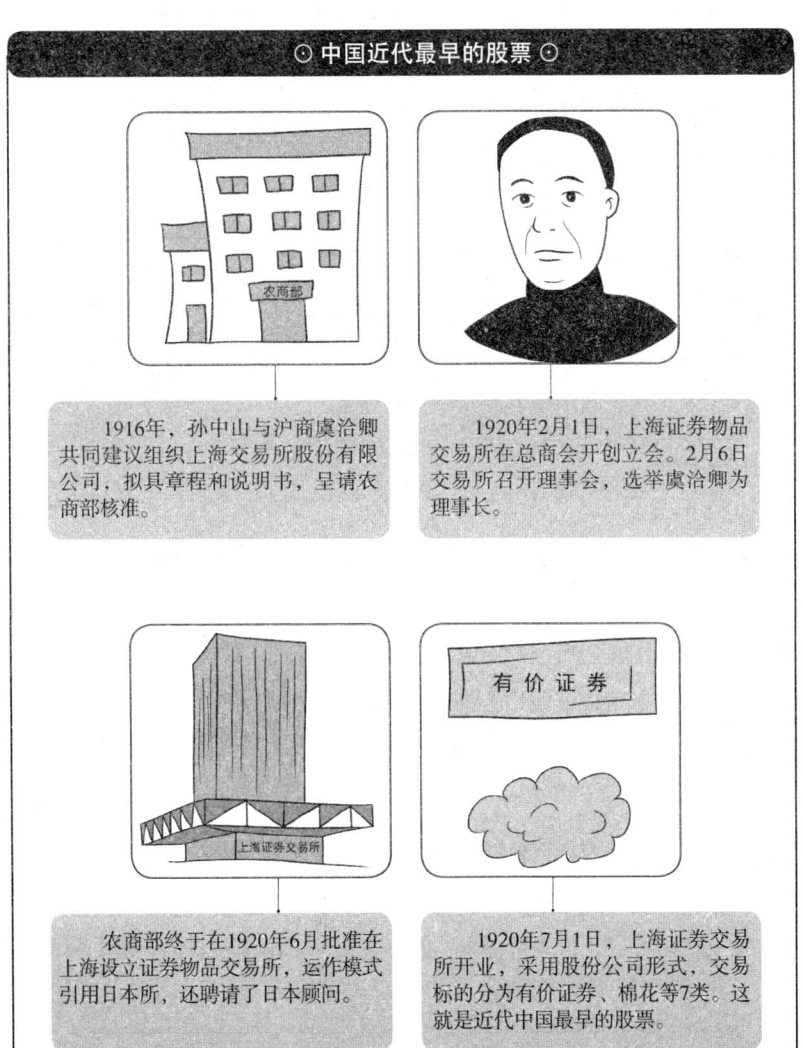

⊙ 中国近代最早的股票 ⊙

1916年，孙中山与沪商虞洽卿共同建议组织上海交易所股份有限公司，拟具章程和说明书，呈请农商部核准。

1920年2月1日，上海证券物品交易所在总商会开创立会。2月6日交易所召开理事会，选举虞洽卿为理事长。

农商部终于在1920年6月批准在上海设立证券物品交易所，运作模式引用日本所，还聘请了日本顾问。

1920年7月1日，上海证券交易所开业，采用股份公司形式，交易标的分为有价证券、棉花等7类。这就是近代中国最早的股票。

最近几年，炒股已经成了一种潮流，街头巷尾都可以听到关于股票的话题，"今儿您的股票涨了吗"已经成为很多人见面时说的第一句话。不过，对于初涉股海的人来说，股票只是一个笼统的概念，那么究竟股票是什么呢？

其实说白了，股票不过是一张纸，它是股份有限公司在筹集资本时出资人发行的股份凭证，代表着其持有者（即股东）对股份公司的所有权。可就是这样一张纸，左右了太多人对于财富的认识。

股票是社会化大生产的产物，迄今已有四百余年的历史，随着股份公司的出现而出现。1602年，荷兰联合东印度公司成立，荷兰人把所有类似于莎士比亚经典作品《威尼斯商人》中的安东尼奥那样的商人联合起来，成立股份制公司，目的是共同承担航海风险。为了募集更多的资金，荷兰联合东印度公司向全社会融资，每个人只要手头有闲钱，都可以去东印度公司，在小本子上记下自己出了多少钱，公司则承诺有收益就按比例给大家分红。农夫、小作坊工人、渔民……几乎每个荷兰人都购买了这家公司的股票。

日常生活中我们所说的买股票，其实指的是股票凭证。股票凭证是股票的具体表现形式，就像什么票据凭证都必须有相关内容一样，一般情况下，上市公司的股票凭证票面上的内容都是一样的。

实际上，股票之所以能成为众人追逐的目标，最直接的原因是一旦投资者买到了股票，投资者就顺理成章地成为该股票发行公司的股东，在公司赚了钱时，能领到现金红利，或领取配股；而且股票可以跟商品一样可以被交易，投资者可以低价买进，高价卖出，从中赚取差价。可见，拥有了这样小小的一张纸，就可以享有不少权利，还有不少赚钱的机会。作为一种具有高流动性、易变现的流动资产，股票越来越受到人们的喜爱。

明末清初，股票在中国出现。当时，一些大富商采用了"集资联营、合股经营"的策略，使中国出现了股票雏形。1916年，孙中山和虞洽卿共同建议成立上海交易所股份有限公司，并拟定具体规章制度，见证了股票在中国的发展。1920年7月1日，上海证券交易所开业，证券交易标的分为有价证券、棉花等7类。这是近代中国最早的股票交易。1990年12月19日，上海证券交易所正式开业；1991年7月3日，深圳证券交易所正式开业。这两家交易所的成立标志着中华人民共和国证券市场的形成，并在以后的发展中日臻完善。

随着改革开放的深入，我国股票市场也在不断地发展与完善。当人们身处这片被炒得沸沸扬扬的股海时，不禁感慨股票这一天才的发明，它为企业提供了新的融资渠道，也为个人提供了新的理财途径。目前，股票投资已成为一种逐渐被人们接受的理财手段，股票也自然而然成了人们关心的热门话题。

目前，我国上市公司的股票有A股、B股、H股、N股和S股5种。这一区分主要依据股票的上市地点和所面对的投资者的不同而定。

1. A股

A股的正式名称是人民币普通股票。它是由我国境内公司发行，供境内机构、组织或个人（不含台、港、澳投资者）以人民币认购和交易的普通股股票。我国第一张公开向社会发行的A股是1984年11月发行的上海飞乐音响股份有限公司的股票（飞乐音响，代码：600651），A股的柜台交易市场开始于1986年9月26日的中国工商银行上海信托投资公司静安证券业务部，A股的集中交易市场于1990年12月19日上海证券交易所正式开业时成立。

2. B股

B股的正式名称是人民币特种股票，它是以人民币标明面值，以外币认购和买卖，在我国境内（上海、深圳）证券交易所上市交易的特种股票。

B股公司的注册地和上市地都在境内，只不过投资者在境外或在中国香港、澳门及台湾。自1991年年底第一只B股——上海电真空B股发行上市以来，经过十几年的发展，中国的B股市场已由地方性市场发展到由中国证监会统一管理的全国性市场。B股市场于1992年建立，2001年2月19日前，仅限外国投资者买卖。2001年2月19日后，B股市场对国内投资者开放。因此，境内居民只要有外汇资金也可以参与B股买卖交易。

3. H股

H股，即注册地在内地、上市地在香港的外资股。香港的英文是Hong Kong，取其字首，在香港上市外资股就叫作H股。

以此类推，纽约的第一个英文字母是N，在我国境内注册，在纽约上市的股票就叫作N股；新加坡的第一个英文字母是S，在我国境内注册，在新加坡上市的股票就叫作S股。

⋯⋯❊ 价格指数是什么 ❊⋯⋯

⊙ 道·琼斯指数的编制对象 ⊙

道·琼斯指数亦称$US30，它以在纽约证券交易所挂牌上市的一部分有代表性的公司股票作为编制对象，由四种股价平均指数构成。

1. 以30家著名的工业公司股票为编制对象的道·琼斯工业股价平均指数；

2. 以20家著名的交通运输业公司股票为编制对象的道·琼斯运输业股价平均指数；

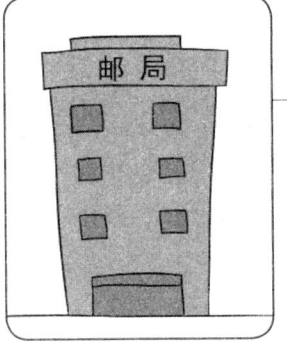

3. 以15家著名的公用事业公司股票为编制对象的道·琼斯公用事业股价平均指数；

4. 以上述三种股价平均指数所涉及的65家公司股票为编制对象的道·琼斯股价综合平均指数。

在四种道·琼斯股价指数中，以道·琼斯工业股价平均指数最为著名，它被大众传媒广泛地报道。并作为道·琼斯指数的代表加以引用。

股票价格指数指的就是平常大家所说的股指，是由证券交易所或金融服务机构编制的，表明股票行市变动的一种供参考的指数，它是用来反映股市总体价格或某类股价变动和走势的指标。

股票价格起伏无常，不断变化，投资者必然面临市场价格风险。对于具体某一种股票的价格变化，投资者容易了解；而对于多种股票的价格变化，要逐一了解，既不容易，也不胜其烦。为了解决这个问题，股票价格指数就应运而生了。

编制股票指数，通常以某年某月为基础，以这个基期的股票价格作为100，用以后各时期的股票价格和基期价格比较，计算出升降的百分比，就是该时期的股票指数。投资者根据指数的升降，可以判断出股票价格的变动趋势。为了能实时地向投资者反映股市的动向，所有的股市几乎都是在股价变化的同时即时公布股票价格指数。在现在的股票市场中，有7种常见的股票价格指数：

1.道·琼斯股票指数

道·琼斯股票指数是世界上历史最为悠久的股票指数，它的全称为股票价格平均数。它是在1884年由道·琼斯公司的创始人查理斯·道开始编制的。最初的道·琼斯股票价格平均指数是根据11种具有代表性的铁路公司的股票，采用算术平均法进行计算编制而成，发表在查理斯·道自己编辑出版的《每日通讯》上。其计算公式为：

股票价格平均数=入选股票的价格之和/入选股票的数量。

现在的道·琼斯股票价格平均指数是以1928年10月1日为基期，因为这一天收盘时的道·琼斯股票价格平均数恰好约为100美元，所以就将其定为基准日。而以后股票价格同基期相比计算出的百分数，就成为各期的股票价格指数，所以现在的股票指数普遍用点来做单位，而股票指数每一点的涨跌就是相对于基准日的涨跌百分数。

2.标准普尔股票指数

除了道·琼斯股票价格指数外，标准普尔股票价格指数在美国也很有影响，它是美国最大的证券研究机构标准普尔公司编制的股票价格指数。该公司于1923年开始编制发表股票价格指数，最初采选了230种股票，编制两种股票价格指数。到1957年，这一股票价格指数的范围扩大到500种股票，分成95种组合。其中最重要的四种组合是工业股票组、铁路股票组、公用事业股票组和500种股票混合组。从1976年7月1日开始，改为400种工业股票、20种运输业股票、40种公用事业股票和40种金融业股票。几十年来，该股票指数所采选的股票虽然有所更替，但数量始终保持为500种。标准普尔公司股票价格指数以1941—1943年抽样股票的平均市价为基期，以上市股票数为权数，按基期进行加权计算，其基点数为10。以目前的股票市场价格乘以股票市场上发行的股票数量为分子，用基期的股票市场价格乘以基期股票数为分母，相除之数再乘以10就是标准普尔股票价格指数。

3.纽约证券交易所股票价格指数

纽约证券交易所股票指数是由纽约证券交易所编制的股票价格指数。它起自1966年6月，先是普通股股票价格指数，后来改为混合指数，包括在纽约证券交易所上市的1 500家公司的1 570种股票。

具体计算方法是将这些股票按价格高低分开排列，分别计算工业股票、金融业股票、公用事业股票、运输业股票的价格指数，其中最大和最广泛的是工业股票价格指数，由1 093种股票组成；金融业股票价格指数包括投资公司、储蓄贷款协会、分期付款融资公司、商业银行、保险公司和不动产公司的223种股票；运输业股票价格指数包括铁路、航空、轮船、汽车等公司的65种股票；公用事业股票价格指数则有电话电报公司、煤气公司、电力公司和邮电公司的189种股票。

纽约证券交易所股票价格指数是以1965年12月31日确定的50点为基

数，采用的是综合指数形式。纽约证券交易所每半个小时公布一次指数的变动情况，虽然纽约证券交易所编制股票价格指数的时间不长，但它可以全面及时地反映股票市场活动的综合状况，因而较为受投资者欢迎。

4. 上证综合指数

上证综合指数是上海证券交易所编制的，以上海证券交易所挂牌上市的全部股票为计算范围，以发行量为权数的加权综合股价指数。该指数以上海证券交易所正式开业的1990年12月19日为基准日，基日指数定为100点，自1991年7月15日开始发布。该指数反映上海证券交易所上市的全部A股和全部B股的股价走势。

股票每天有涨有跌，当上涨股票占全部权重比例较大时大盘就会上涨，反之就下跌。

上证综合指数的计算对上海证券交易所新股的处理经过了几次变化，最初是新股上市的第二天列入计算范围，后来股市低迷时新股上市的当天就列入计算范围，后改为新股上市后的第十一天列入计算范围。

上证综合指数是上海证券交易所最重要的指数。上证综合指数于2007年5月9日突破4 000点（收盘4 013.08点），8月23日突破5 000点（收盘5 032.49点），10月16日上证综合指数最高时达到6 124.04点。

5. 深证成分指数

深证成分指数是深圳证券交易所编制的一种成分指数。从深圳股市的所有股票中抽取具有代表性的40家上市公司作为计算对象，并以流通股为权数计算得出的加权股价指数，综合反映深证所上市A、B股的股价走势。该指数取1994年7月20日为基准日，基准日指数定为1 000点。1995年1月23日试发布，1995年5月5日正式启用，其中又包括成分A股指数和成分B股指数。每年1、5、9月对成分股的代表性进行考察，讨论是否更换。

从2006年9月18日起，深证成分指数变更为仅包含40只A股样本的价格指数，不再包含B股成分股。成分B股指数变更为包含深圳市场10只B股的B股总收益指数。

深证成分指数是深圳证券交易所最重要的指数。深证成分股指数于2007年7月30日突破15 000点（收盘15 060.86点），9月3日突破18 000点（收盘18 164.04点），10月10日深证成分股指数最高达到19 600.03点。

6. 深证综合指数

深证综合指数是深圳证券交易所从1991年4月3日开始编制并公开发表的一种股价指数，该指数规定1991年4月3日为基期，基期指数为100点。该指数是以所有在深圳证交所上市的股票为计算范围，以发行量为权数的加权综合股价指数。

7. 沪深300指数

沪深300指数是首次编制的综合反映中国证券市场（上海、深圳证券交易所）的全面运行状况的股价指数，为指数化投资和金融衍生产品的创新发展提供了重要基础。其基期选择为2004年12月31日，基日基点确定为1 000点。股票样本总数共300只，分别在沪、深两市选择。

……※ 买卖股票第一步之开户 ※……

开户，一般包括开立两个账户，一个是证券账户，另一个是资金账户。在投资者进行股票买卖时，买进股票记入证券账户，并从资金账户中扣除资金；卖出股票时则相反。

1. 证券账户的开立

开立证券账户，就目前国内A股市场而言，可分为沪市证券账户和深市证券账户。

（1）办理沪市证券账户。个人投资者须本人持身份证到上海中央登记结算公司或其代理点或可以办理开户手续的证券营业部，按要求填写开户申请表，提供完备的开户基本资料，并缴纳开户费。

（2）办理深市证券账户。个人投资者须持本人身份证到当地的深圳证券登记机构或可以代开深市账户的证券营业部办理。机构投资者须到深圳证券登记机构当地的代理处办理开户手续。个人投资者及机构投资者所提供的资料、办理手续与开立沪市证券账户时类似。

2. 资金账户的开立

（1）资金账户的办理。个人投资者须提供本人身份证、沪市和深市证券账户，到证券营业部亲自办理，并同证券营业部签订委托代理协议，对于协议内容，投资者一定要仔细阅读，谨防其中有陷阱。若需他人代为交易，须双方一同到证券营业部，三方共同签订有关代理协议，并明确代理权限（如全权代理，只限于股票买卖，不包括资金存取），以免将来产生纠纷。

（2）办理指定交易。对于想投资沪市股票的投资者来说，由于沪市已全面实行指定交易，因此，投资者须持本人相关证件及沪市证券账户，到证券营业部签订指定代理协议书，才可进行沪市股票交易。

（3）电话委托和自助委托的办理。在与证券营业部签订委托代理协议书时，投资者可以同时选择开通电话委托、自助委托方式，这样，投资者就可以不通过柜台报单员而自行买卖股票了。

（4）银证转账业务的办理。证券营业部资金柜台经常出现排长队存取款的现象。为了解决这个问题，许多证券营业部与银行联手开通了银证转账业务，使得投资者的保证金账户与投资者在银行的活期储蓄账户相联通，投资者通过电话下指令，就能实现自己保证金账户与银行储蓄账户间资金的划拨。

要想使投资风险最小化，投资者首先要练好基本功，了解怎样开设账户，是进入证券市场的第一道门槛。

⋯※ 选对股票赚大钱 ※⋯

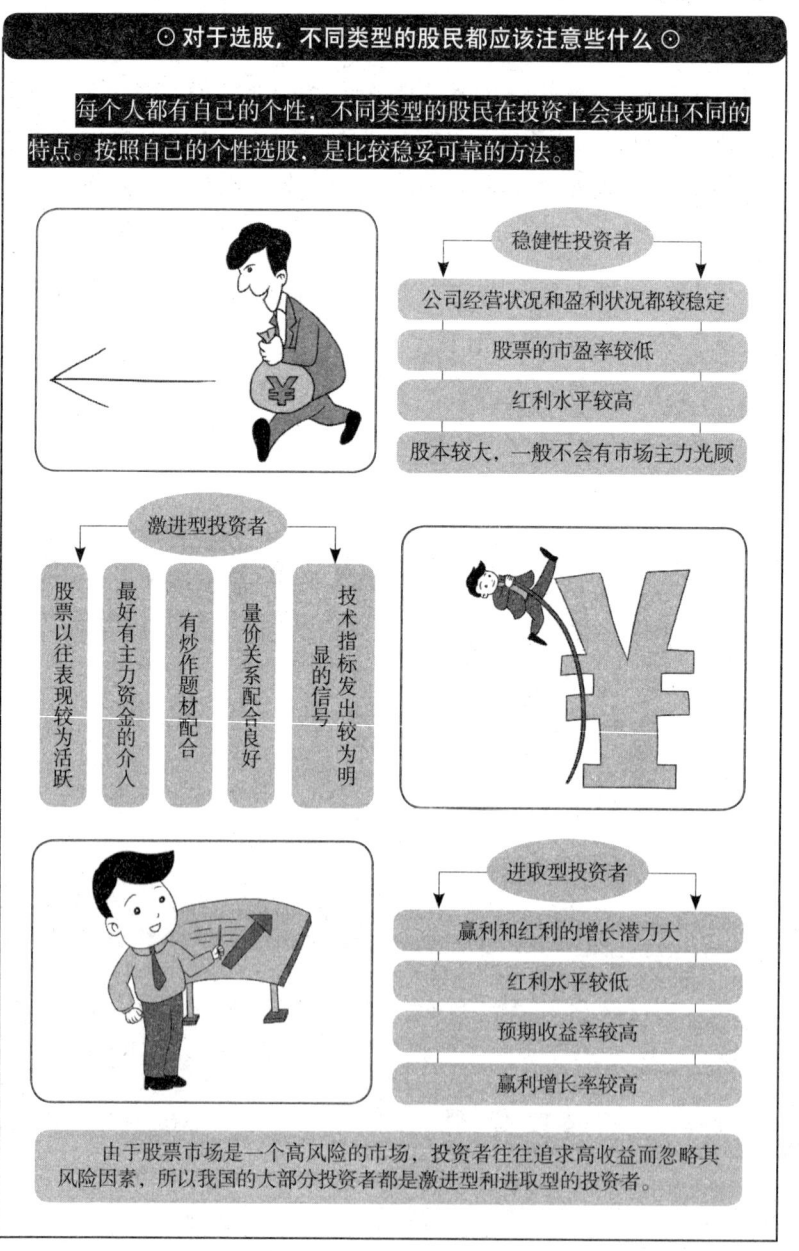

⊙ 对于选股，不同类型的股民都应该注意些什么 ⊙

每个人都有自己的个性，不同类型的股民在投资上会表现出不同的特点。按照自己的个性选股，是比较稳妥可靠的方法。

稳健性投资者
公司经营状况和盈利状况都较稳定
股票的市盈率较低
红利水平较高
股本较大，一般不会有市场主力光顾

激进型投资者
股票以往表现较为活跃
最好有主力资金的介入
有炒作题材配合
量价关系配合良好
技术指标发出较为明显的信号

进取型投资者
赢利和红利的增长潜力大
红利水平较低
预期收益率较高
赢利增长率较高

由于股票市场是一个高风险的市场，投资者往往追求高收益而忽略其风险因素，所以我国的大部分投资者都是激进型和进取型的投资者。

股票投资是一种集远见卓识、渊博的专业知识、智慧和实战经验于一体的风险投资。

在投资过程中，选择股票尤为重要，投资者必须仔细分析，独立研判，因为，只有选对股票才能赚大钱。

投资者在选股时要遵循以下几点原则。

1. 利益原则

利益原则是选择股票的首要原则，投资股票就是为了获得某只股票带来的长期回报或者短期价差收益。投资者必须从这一原则出发，克服个人的地域观念和性格偏好，进行投资品种的选择。无论这只股票属于什么板块，属于什么行业，凡是能够带来丰厚收益的股票就是最佳的投资品种。

2. 现实原则

股票市场变幻莫测，上市公司的情况每年都在变化，热门股和冷门股也会因为各种情况出现转换。因此，选择股票主要看投资品种的现实表现。上市公司过去的历史、经营业绩和市场表现只能作为投资参考，而不能作为选择的标准。投资者没有必要抱定一种观念，只选择自己过去喜爱的投资品种。

3. 短期收益和长期收益兼顾的原则

从取得收益的方式来看，股票上的投资收益有两种：一种主要是价格变动为投资者带来的短期价差收益；另一种是上市公司和股票市场发展带来的长期投资收益。

完全进行短期投机牟取价差收益，有可能错过一些具有长期投资价值的品种；相反，如果全部从长期收益角度进行投资，则有可能错过市场上非常有利的投机机会。因此，投资者选股的时候，应该兼顾这两种投资方式，以便最大限度地获得投资利润。

4.相对安全原则

股票市场具有一定的风险，要想寻求绝对安全的股票是不现实的。但是，投资者还是可以通过精心选择，来回避那些风险太大的投资品种。

对广大中小投资者来说，在没有确切消息的情况下，一般不要参与问题股的炒作，应该选择相对安全的股票作为投资对象，避开有严重问题的上市公司。

……❊ 如何看股票大盘 ❊……

看盘，侧重的不只是看。先看，然后分析，预测未来的走势才是目的，分析大盘的整体走势，进而判断个股。大盘的研判一般从以下三方面来考量：第一，股指与个股方面选择的研判（观察股指与大部分个股运行趋向是否一致）；第二，盘面股指（走弱或走强）的背后隐性信息；第三，掌握市场节奏，高抛低吸，降低持仓成本，这一点尤为重要。在看盘过程中，以下几个要素是投资者需要特别关注的。

1. 大盘分时变化，价量动态变化，黄白线变化，成交绝对值

研判大盘走向必须密切关注这4项超级大盘指标走势。

大盘分时变化，主要应注意早盘半个小时的变化。如果早盘比较强，则当日收阳概率大；如果早盘比较弱，则当日收阴概率大。具体判断时，有一些盘面的变化可以作为依据，另外，早盘的大盘运行走势也可以作为依据。

价量动态变化是指指数的运行波浪中，每个上行波浪和下行波浪的成交变化。一般而言，上行波浪带着成交急剧放大时，就是需要打起精神的时候。成交是否放大，以及成交放大能否持续，是判断能否产生大级别波段行情乃至大牛行情的关键所在。

黄白线里很有讲究。指数上涨的时候，如果黄线在上，那么当日的小盘股会比较活跃，盘面也可能会非常好看；相反，黄线在下的上扬则可能是大盘股带动的。如果黄线在上，白线突然抬头向上攻击合拢黄线甚至穿越，则可能是大盘股的诱多行为。

成交绝对值，分单日成交量和单分钟成交量。单日成交量，一般100亿～120亿以上为强势市场，如果指数能连续两日保持在这个成交量之上，则指数反转概率颇大。单日成交量在40亿以下为地量水平，当指数连

续数日保持在该成交状况下时，则指数蕴蓄反弹甚至反转的可能。

2. 大盘的趋势，个股与大盘的密切程度，个股与板块的密切程度

依据上述分析，选择出合适的个股或对已选的个股做出较准确的预测，即密切关注大盘趋势的变化。根据通道理论，股指一般会沿着某一趋势运行，直到政策面、宏观经济面发生重大变化，这一趋势才会逐步改变。特别要指出的是，趋势的改变不可能在一夜之间完成，这就是所谓的惯性作用。

3. 成交量

股谚云"量在价先""天量天价，地价地量"，说的就是"成交量比成交价更重要"这个道理，因为成交量可以决定成交价及其后的股价走势。一般来说，在股指上升的过程中，成交量应该有所放大，因为只有这样才能维持其原有的走势。如果把股指的上涨看作是列车行进速度的话，成交量就是列车的动力，股指的上涨就好像是列车在走上坡路，没有动力是万万不能的，而下跌就好像是列车在走下坡路，不需太大的动力或根本不需动力，因为此时惯性起到了巨大的作用。

4. K线技术分析

K线图源于日本，被当时日本米市的商人用来记录米市的行情与价格波动，后因其细腻独到的标画方式而被引入股市及期货市场。K线图在中国以至整个东南亚地区尤为流行。由于用这种方法绘制出来的图表形状颇似一根根蜡烛，加上这些蜡烛有黑白之分，因而也叫阴阳线图表。通过K线图，人们能够把每日或某一周期的市况表现完全记录下来，股价经过一段时间的盘档后，在图上即形成一种特殊区域或形态，不同的形态显示出不同意义，分析这些形态，投资者可以从这些形态的变化中摸索出一些有规律的东西。K线图形态可分为反转形态、整理形态、缺口及趋向线等。

┈❋ 牛熊市的操作法则 ❋┈

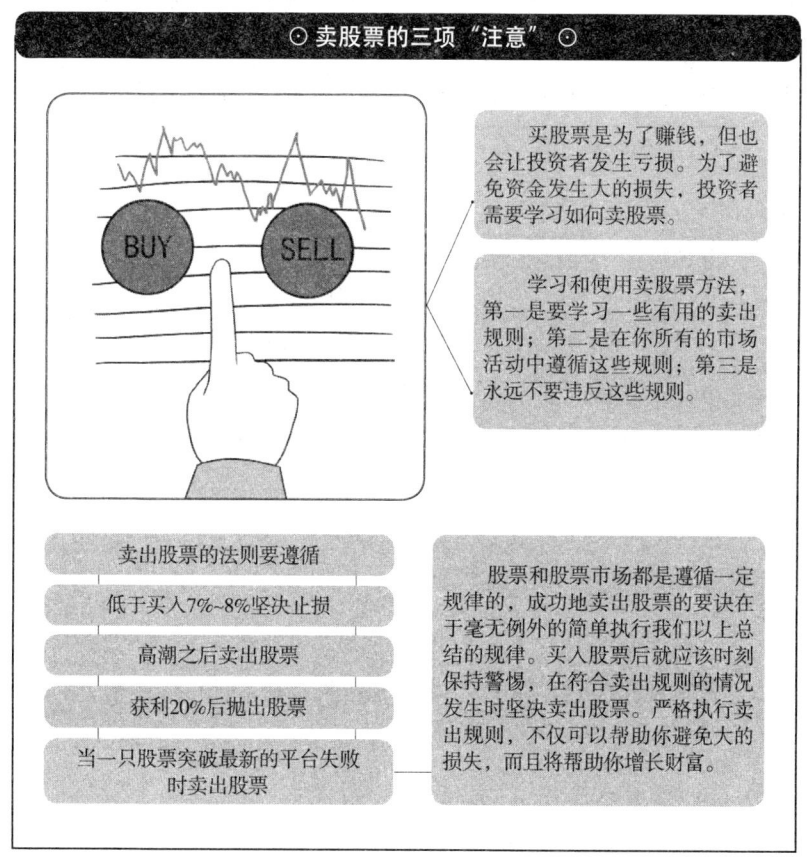

⊙ 卖股票的三项"注意" ⊙

买股票是为了赚钱，但也会让投资者发生亏损。为了避免资金发生大的损失，投资者需要学习如何卖股票。

学习和使用卖股票方法，第一是要学习一些有用的卖出规则；第二是在你所有的市场活动中遵循这些规则；第三是永远不要违反这些规则。

卖出股票的法则要遵循

低于买入7%~8%坚决止损

高潮之后卖出股票

获利20%后抛出股票

当一只股票突破最新的平台失败时卖出股票

股票和股票市场都是遵循一定规律的，成功地卖出股票的要诀在于毫无例外的简单执行我们以上总结的规律。买入股票后就应该时刻保持警惕，在符合卖出规则的情况发生时坚决卖出股票。严格执行卖出规则，不仅可以帮助你避免大的损失，而且将帮助你增长财富。

什么叫市道？从股票市场的走势活跃特征来看，我们把股票市场的走势分为两大类型：牛市和熊市。股价在各均线之上，持续上涨，我们称之为牛市；股价总受各均线压制，不能有效突破，我们称之为熊市。我们应根据不同的股票市道，相应地作出不相同的操作策略。

1. 牛市的操作策略

牛市意味着绝大多数股票的走势都很喜人，都在奋力向上。

牛市的赚钱效应必然会吸引场外新增资金的积极入场，多方援兵源源不断，打破了多空的平衡，吞并了汹涌而至的卖单，将其一扫而空，然后乘胜追击，股价节节攀升到更高价位，让买进和持有股票的投资者兴奋不已。这是牛市中最基本的力量对比。

牛市行情来之不易，历经几年的低迷期，饱受套牢煎熬，才终于盼来充满希望的春天。投资者要意识到：牛市不可能长盛不衰，迟早会退潮，所以必须立即行动，珍惜牛市的每一时刻，绝不错失每一次赚钱的机会。

在牛市中选股，投资者首先要判断当前的牛市处在什么阶段。若从盘内特征和未来空间的大小来划分，牛市可以定性为三个不同阶段：

（1）酝酿初期。这时大盘脚步刚刚企稳，虽然还需要一段时间休养生息，但下跌空间已经被封杀，同时将来可能的热点还没有显现。在这个阶段，投资者不必为选什么股票而苦恼和发愁，只要是没有严重危机的股票都可以作为投资对象。

（2）遍地开花期。这时牛市特征明显，已经被多数市场投资者所认可，主流热点业已天下大白。热点此消彼长，轮番登上涨幅榜。这个时期，虽然绝大多数股票都有很大机会，但每只股票走势的强弱不同，预期上升空间也有很大差别，所以选股就相当重要。投资者应该重点锁定以下三类股票：①走势最强劲的股票；②成交量大的股票；③即将突破的股票。

（3）最后晚餐期。在牛市晚期，很多股票开始出现最后的疯狂，具体表现有：①股价大幅拉升；②指标相当强势；③成交量不断放大。

这种异常热闹的景象，很容易冲昏投资者的头脑，令投资者失去应有的警惕，没有察觉到可怕的顶部已经悄然而至。所以，这时候投资者要保持清醒，抓住时机卖出股票。

2.熊市的操作策略

熊市中选股的主要目的不是买进，而是关注大盘走势，了解盘中热点，以及政策的转变，只选不买，为将来牛市到来选好进行中长线投资的主打股票。这种只看不动的策略和工作非常重要，能为将来的投资获利打下坚实的基础。

当然，在这种市道，如果投资者不甘寂寞，够胆逆市求财，也不是完全没有赚钱的机会，但要遵循一定的买入原则：①逆市走强的股票；②击穿历史新低的股票；③跌幅相当惨烈的股票；④前期曾有强庄介入但深度套牢的股票；⑤前期十分活跃的股票；⑥短线严重超跌的股票；⑦靠近重要支撑位的股票；⑧远离均线的股票。

在牛市和熊市中，投资者对股票的操作策略是不一样的。只有对不同的市道采取不同的股票投资策略，才能保证投资者的投资有收获。

⋯⋆ 股票的交割 ⋆⋯

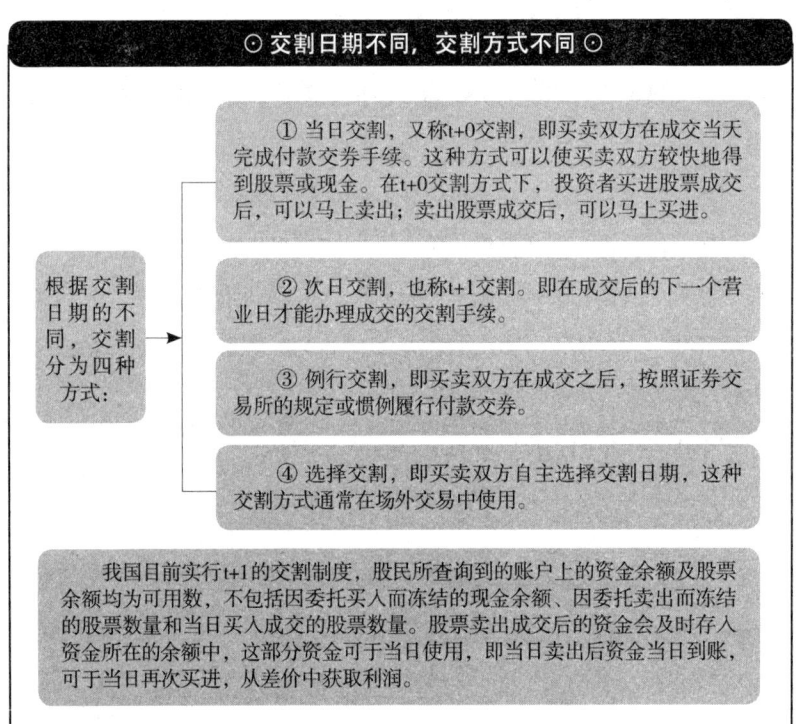

买卖股票是一件很简单的事情，只要你愿意，通过证券交易所一切都可以搞定。

股票买卖的操作过程就是股票的交割。所谓交割，就是卖方向买方交付股票而买方向卖方交付价款的行为。买方在委托购买股票成交后，应在规定期限内付清价款并领取股票。同理，卖方卖出股票后应在规定的时间内交付股票并领取价款。这是股票买卖过程中的一个必要环节，一个必须履行的手续。

通常情况下交割包括两个方面：一是证券交易所与证券商之间的交割；二是证券商与投资者之间的交割。一般来说交割通常分为两个程序：

1. 证券商的交割

证券交易所清算部每日闭市时，依据当日场内成交单所记载的各证券商买卖各种证券的数量、价格，计算出各证券商应收、应付价款相抵后的净额及各种证券应收、应付相抵后的净额，编制当日清算交割汇总表和各证券商的清算交割表，分送各证券商清算交割人员。各证券商清算人员接到清算交割表核对无误后，须编制本公司当日的交割清单，办理交割手续。在办理价款交割时，依下列规定完成交割手续：

（1）应付价款者，将交割款项如数开具划账凭证至证券交易所在人民银行营业部的账户，由交易所清算部送去营业部划账。

（2）应付价款者，由交易所清算部如数开具划账凭证，送营业部办理划拨手续。在办理证券交割时，应依下列规定执行：①应付证券者，将应付证券如数送至交易所清算部；②应收证券者，持交易所开具的"证券交割提领单"，自行向应付证券者提领。

2. 证券商送客户买卖确认书

证券商的出市代表在交易所成交后，应立即通知其证券商，填写买进（卖出）确认书。深圳证券交易所规定，买卖一经成交，出市代表应尽快通知其营业处所，以制作买卖报告书，于成立后的第二个营业日通知委托人（或以某种形式公告），并于该日下午办理交割手续。买卖报告书应按交易所规定的统一格式制备。买进者以红色印制，卖出者以蓝色印制。买卖报告书应记载委托人的姓名、股东代号、成交日期、证券种类、股数或面额、单价、佣金、手续费、代缴税款、应收或应付金额、场内成交单号码等事项。

…※ 股票的过户 ※…

随着交易的完成，当股票从卖方转给（卖给）买方时，就表示原有股东拥有权利已转让，新的股票持有者则成为公司的新股东，老股东（原有的股东，即卖主）丧失了他们卖出的那部分股票所代表的权利，新股东则获得了他们所买进那部分股票所代表的权利。然而，由于原有股东的姓名及持股情况均记录于股东名簿上，因而必须变更股东名簿上相应的内容，这就是通常所说的过户手续。所以说，证券和价款清算与交割后，并不意味着证券交易程序的最后完结。

上海证券交易所的过户手续采用电脑自动过户，买卖双方一旦成交，过户手续就已经办完。深圳证券交易所采用的过户手续也比较先进，买卖双方成交后，利用光缆把成交情况传到证券登记过户公司，将买卖记录在股东开设的账户上。

股票过户的具体程序如下几个方面。

1. 原有股东在交割后，应填写一份股票过户通知书，加盖印章后连同股票一起送发行公司的过户机构。我国目前一般均在金融机构办理，深圳由证券公司负责，上海则由证券交易所办理。

2. 新股东在交割后，应向发行公司索取印鉴卡两张，加盖印章后送发行公司的过户机构（印章卡主要记载新股东的姓名、住址，新股东持股股数及号码、股票转让日期）。

3. 过户机构收到旧股东的过户通知书、旧股票与新股东印鉴卡后，进行审核。若手续齐全就立即注销旧股票发新股票，然后将新旧股票一起送签证机构，并变更股东名簿上的相应内容。

4. 签证机构审检过户机构送来的新旧股票及有关材料，若手续齐全则在新旧股票正面签证，再送过户机构。

5. 过户机构收到经签证的新旧股票后，将新股票送达新股东处，而旧股票则由过户机构存档备案。

····※ **庄家的骗术** ※····

证券市场，因为有庄家的炒作所以才会有蓬勃的生机。随着证券市场的发展，庄家的炒作技巧也飞速发展，从而导致投资者追涨杀跌，结果自然是以庄家获利而告终。下面就股市中庄家的八大炒作骗术进行大揭秘。

骗术之一：尾市拉高，真出假进

庄家利用收市前几分钟用几笔大单放量拉升，刻意做出收市价。此现象在周五时最为常见，庄家把图形做好，吸引股评人免费推荐，骗投资者以为庄家拉升在即，周一开市，大胆跟进。此类操盘手法证明庄家实力较弱，资金不充裕。尾市拉高，投资者连打单进去的时间都没有，这样庄家的目的就达到了。

骗术之二：涨跌停板骗术

庄家发力把股价拉到涨停板上，然后在涨停价上封几十万的买单，由于买单封得不大，于是全国各地的短线跟风盘蜂拥而来，你1 000股，我1 000股，往往会有一两百的跟风盘，然后主力就把自己的买单逐步撤单，然后在涨停板上偷偷出货。当下面买盘渐少时，主力又封上几十万的买单，再次吸引一批跟风盘追涨，然后又撤单，再次派发。因此放巨量涨停，十之八九是出货。有时早上一开盘，有的股票以跌停板开盘，把所有集合竞价的买单都打掉，许多人看到这种情况就以为会有许多抄底盘出现，如果不是出货，股价会立刻复原。如果在跌停板上还能从容进货，只能说明主力用跌停出货。

骗术之三：高位盘数放巨量突破

巨量是指超过10%的换手率。这种突破，十有八九是假突破，既然在高位，那么庄家获利甚丰，为何突破会有巨量？这个量是哪里来的？很明显，巨量是短线跟风盘扫货以及庄家边拉边派共同造成的，庄家利用放量上攻来欺骗投资者。仔细分析就会明白，连庄家都减仓操作了，这股价自然就长不了。放量证明筹码的锁定程度已不高了。

骗术之四：盘口委托单骗术

在证券分析系统中的三个委买委卖的盘口，庄家最喜欢在此表演。当三个委买单都是三位数的大买单，而委卖盘则是两位数的小卖单时，一般投资者会以为主力要往上拉升了。这就是庄家的目的，引导投资者去扫货从而达到庄家出货的目的，这是反向思维。因此要赚钱，就必须跟庄家步调一致。

骗术之五：利用分析软件的弱点

有耐心的庄家每次只卖2 000～8 000股，不会超过10 000股，而一些软件分析系统不会把这些小单成交当作是主力出货，只看做是散户的自由换手。两个操盘手在两部电脑上分别输入，按卖一的委卖价买进100股，以及按买三的价格输入卖出9 900股，然后同时下单，显示出来就是成交10 000股，而且是按委卖单成交，分析系统会统计为主动性买盘。这时投资者就要盯紧均价线，若显示一主动性大笔买单，而分时均线却往下掉，证明这一笔是假买盘、真卖盘。

骗术之六：盘口异动骗术

有些个股，本来走得很稳，突然有一笔大单把股价砸低5%，又立刻复原，买进的人以为捡了个便宜，没有买进的亦以为值得去捡这个便宜，所以积极在刚才那个低价位上挂单，然后庄家再次往下砸，甚至砸得更低，把所有下档买盘都打掉，从而达到目的。散户以为捡了便宜，而庄家为出了一大批筹码而高兴。这是庄家打压出货手法的变异。

骗术之七：强庄股除权后放巨量上攻

这种情况大多是庄家对倒拉升派发。庄家利用除权，使股票的绝对价位大幅降低，从而使投资者的警惕性降低。由于投资者对强庄股的印象极好，因此在除权后低价位放量拉高时，投资者都以为庄家会再起一波，做填权行情，因而大量跟风介入。庄家边拉边派，不拉高很多，已进场的没有很多利润不会出局，未进场的觉得升幅不大可以跟进；再加上股评人的吹捧，庄家就在散户的帮助下，把股票兑现为钞票，顺利出逃。

骗术之八："推土机"式拉升

庄家在每一个买单上挂上几百手的买单，然后在三笔委卖盘上挂上几十手的卖单，一个价位一个价位地上推，而且都是大笔的、主动性买盘。其实这上面的卖单都是庄家的，以吸引跟风盘跟进。此类拉升证明顶部已不远了，股价随时都会跳水。透过现象看本质，散户投资者就不会被庄家所骗！

在实际的投资过程中，投资者一定要认清这些骗术，否则就会吃亏。

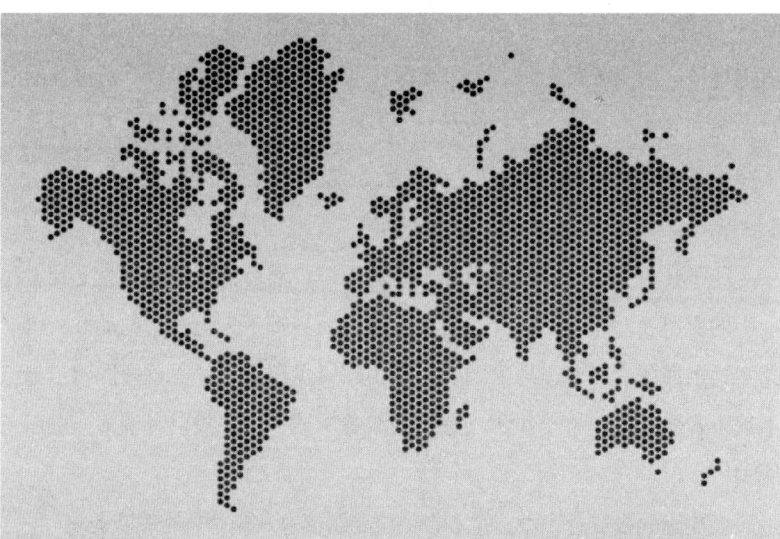

Chapter 12

债券投资，稳中求胜

⋯⋇ 债券是理想的投资对象 ⋇⋯

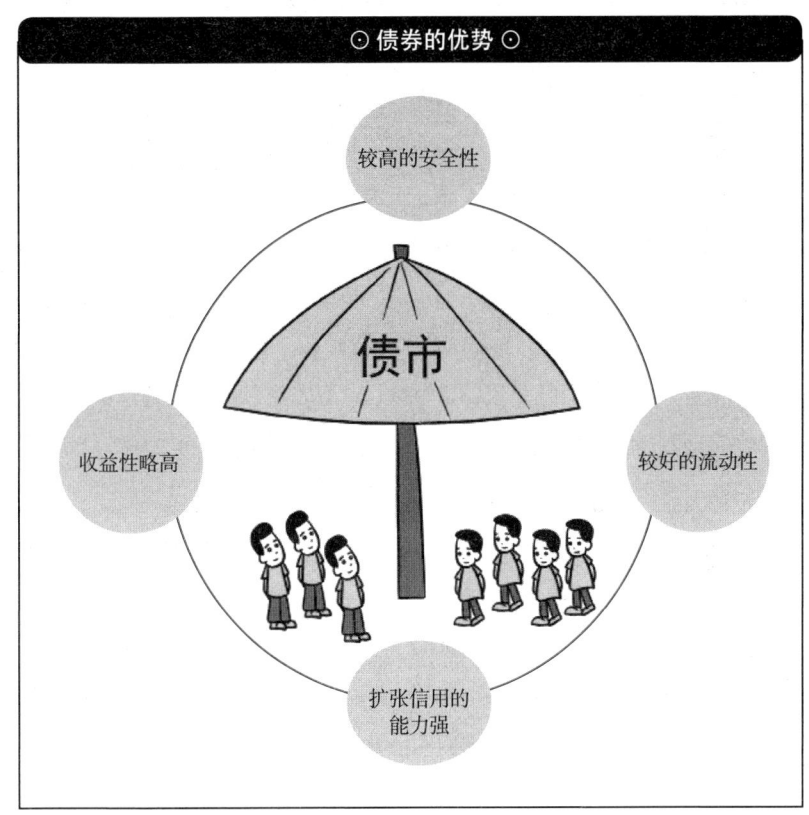

目前，债券成为小资本者的热门话题，甚至有人称债券是理财的天堂。在众多的金融产品中，债券独受宠爱，是投资者眼中较为理想的投资对象，尤其对那些厌恶风险的投资者来说，债券是非常理想的选择。

债券到底是什么？为何能让小资本者如此信任？

债券是政府、金融机构、工商企业等直接向社会借债筹措资金时，向投资者发行，承诺按一定利率支付利息并按约定条件偿还本金的债权债务凭证。债券的本质是债的证明书，具有法律效力，它跟我们平时生活中的借条的作用是一样的。

债券从古到今一直都有，我国现代意义上的债券市场是从1981年国家恢复发行国债开始起步，经过了40多年的发展，经历了实物券柜台市场为代表的不成熟场外债券市场为主导、上海证券交易所为代表的场内债券市场为主导、银行间债券市场为代表的成熟场外债券市场为主导三个阶段的发展。

我国近代的债券历史可以追溯到晚清政府。1894年清政府为支付甲午战争军费，由户部发行公债，当时称作"息借商款"，发行总额为白银1 100多万两。甲午战争后，清政府为交付赔款，又发行了公债，当时称"昭信股票"，总额为白银1亿两。此后，为维持财政平衡又发行了大量公债，北洋政府、伪满政权、武汉国民政府以及蒋介石政府先后发行了数十种债券。

为了让投资者更好地理解债券的含义，我们先打个简单的比方：如果你做生意缺钱，你向别人借钱，并且承诺在一定期限内按约定的支付利息还给他本金和利息。为了证明你们的借贷关系，你给了他一张写有保证本金利息全部偿还的欠条。这张欠条也就是我们说的债券，也可以说是一种债务的证明书。

如果将一个人换成一个国家或者企业，就变成国家或者企业向别人借钱，人们就可以把自己暂时用不到的存款以债券模式（也就是借条模式）借给国家或者企业，国家和企业就给债权人债券这个凭证，债权人可以选择借出年限，然后到期连本带利息收回。

具体来说，债券包含了以下四层含义：

（1）债券的发行人（政府、金融机构、企业等机构）是资金的借入者；

（2）购买债券的投资者是资金的借出者；

（3）发行人（借入者）需要在一定时期内还本付息；

（4）债券是债的证明书，具有法律效力。债券购买者与发行者之间是一种债权债务关系，债券发行人，即债务人，投资者（或债券持有人）即债权人。

我国债券市场的规模与美国债券市场的规模相比存在着巨大的发展空间。美国的证券化产品在金融市场中超过80%，我国还不到10%；债券余额，美国相当于GDP的两倍，我国仅接近30%，因此积极扩大我国债券市场的规模是满足金融市场发展和促进经济发展的需要。同时还要积极促进债券市场品种的多样化，满足不同发行主体的融资需要。如积极发展地方政府债券市场；扩大和引导发行企业债券；增加短期债券及短期回购品种；建立基准国债及衍生产品等。

⋯❋ 债券有哪些种类 ❋⋯

债券种类繁多，而且随着人们对融资和证券投资的需要又不断创造出新的债券形式。在现今的金融市场上，债券按发行主体、发行区域、发行方式、期限长短、利息支付形式、有无担保和是否记名等标准划分种类。

1.按发行主体分类

根据发行主体的不同，债券可分为政府债券、金融债券和公司债券三大类。

政府债券是由政府发行的债券，它的利息享受免税待遇。政府债券的发行目的主要是为地方建设筹集资金，因此都是一些期限较长的债券。

金融债券是由银行或其他金融机构发行的债券。金融债券发行的目的一般是为了筹集长期资金，其利率一般高于同期银行存款利率，而且持券者需要资金时可以随时转让。

公司债券是由非金融性质的企业发行的债券，其发行目的是为了筹集长期建设资金，一般都有特定用途。按有关规定，企业要发行债券必须先参加信用评级，级别达到一定标准才可发行债券。因为企业的资信水平比不上金融机构和政府，所以公司债券的风险相对较大，因而其利率一般也较高。

2.按发行区域分类

按发行的区域划分，债券可分为国内债券和国际债券。国内债券，就是由本国的发行主体以本国货币为单位在国内金融市场上发行的债券；国际债券则是本国的发行主体在别国或国际金融组织等以外国货币为单位在国际金融市场上发行的债券。

3.按期限长短分类

根据偿还期限的长短，债券可分为短期债券、中期债券和长期债券。

一般的划分标准是：期限在1年以内的为短期债券，在10年以上的为长期债券，而期限在1年到10年之间的为中期债券。

4.按利息支付方式分类

根据利息支付方式的不同，债券一般分为附息债券、贴现债券和普通债券。附息债券是在其券面上附有各期息票的中长期债券，息票的持有者可按其标明的时间期限到指定的地点按标明的利息额领取利息；贴现债券是在发行时按规定的折扣率将债券以低于面值的价格出售，在到期时持有者仍按面额领回本息，其票面价格与发行价之差即为利息；除此之外的就是普通债券，它按不低于面值的价格发行，持券者可按规定分期分批领取利息或到期后一次领回本息。

5.按发行方式分类

按照是否公开发行，债券可分为公募债券和私募债券。公募债券是在市场上公开发行的债券，其发行对象是不限定的。公募债券向投资者提供多种财务报表和资料，以保护投资者利益，防止欺诈行为的发生。私募债券是发行者以与其有特定关系的少数投资者为募集对象而发行的债券。该债券的发行范围很小，流动性较差，但其利率水平一般较公募债券高。

6.按有无抵押担保分类

债券根据其有无抵押担保，可以分为信用债券和担保债券。信用债券亦称无担保债券，是仅凭债券发行者的信用而发行的、没有抵押品作担保的债券；担保债券指以抵押财产为担保而发行的债券。具体包括：以土地、房屋、机器、设备等不动产为抵押担保品而发行的抵押公司债券，以公司的有价证券（股票和其他证券）为担保品而发行的抵押信托债券和由第三者担保偿付本息的承保债券。

7.按是否记名分类

根据在券面上是否记名，可以将债券分为记名债券和无记名债券。

记名债券是指，在券面上注明债权人姓名，同时在发行公司的账簿上做同样登记的债券。转让记名债券时，除要交付票券外，还要在债券上背书和在公司账簿上更换债权人姓名；无记名债券是指券面未注明债权人姓名，也不在公司账簿上登记其姓名的债券。现在市面上流通的一般都是无记名债券。

8. 按发行时间分类

根据债券发行时间的先后，可以分为新发债券和既发债券。新发债券指的是新发行的债券，这种债券都规定有招募日期；既发债券指的是已经发行并交付给投资者的债券。

9. 按是否可转换分类

按是否可转换来区分，债券又可分为可转换债券与不可转换债券。可转换债券是能按一定条件转换为其他金融工具的债券；不可转换债券是不能转化为其他金融工具的债券。

掌握债券投资的种类，有助于投资者合理地分析、比较各种债券的优劣，从中找到符合自己需求的债券。

⋯※ 债券投资的交易流程 ※⋯

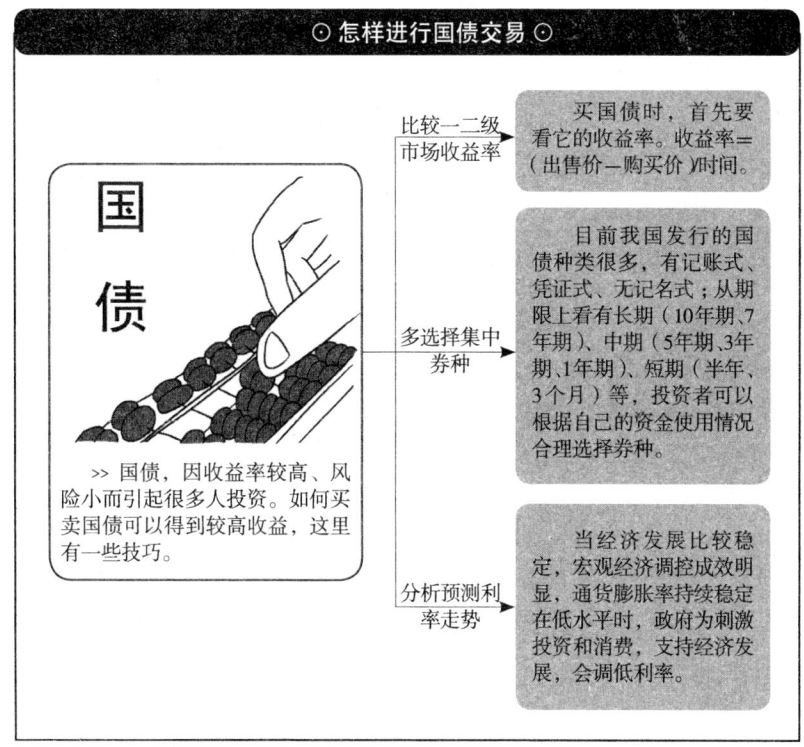

怎样进行国债交易

比较一二级市场收益率

买国债时，首先要看它的收益率。收益率＝（出售价—购买价）时间。

多选择集中券种

目前我国发行的国债种类很多，有记账式、凭证式、无记名式；从期限上看有长期（10年期、7年期）、中期（5年期、3年期、1年期）、短期（半年、3个月）等，投资者可以根据自己的资金使用情况合理选择券种。

分析预测利率走势

当经济发展比较稳定，宏观经济调控成效明显，通货膨胀率持续稳定在低水平时，政府为刺激投资和消费，支持经济发展，会调低利率。

>> 国债，因收益率较高、风险小而引起很多人投资。如何买卖国债可以得到较高收益，这里有一些技巧。

　　债券交易既有场内交易又有场外交易，场内交易也叫交易所交易，证券交易所是市场的核心。在证券交易所内部，其交易程序都要经证券交易所立法规定，具体步骤明确而严格。

　　债券投资者要进入证券交易所参与债券交易，首先必须选择一家可靠的证券经纪公司，并在该公司办理开户手续。那么，该如何办理场内交易的开户手续呢？

首先，订立开户合同。开户合同应包括如下事项：委托人的真实姓名、住址、年龄、职业、身份证号码等；委托人与证券公司之间的权利和义务，并同时认可证券交易所营业细则和相关规定及经纪人商业同业会的规章作为开户合同的有效组成部分；确立开户合同的有效期限，以及延长合同期限的条件和程序。

其次，开立账户。投资者在与证券公司订立开户合同后，就可以开立账户，为自己从事债券交易做准备。在我国上海证券交易所允许开设的账户有现金账户和证券账户。现金账户只能用来买进债券并通过该账户支付买进债券的价款；证券账户只能用来交割债券。因投资者既要进行债券的买进业务又要进行债券的卖出业务，故一般要同时开立现金账户和证券账户。上海证券交易所规定，投资者开立的现金账户，其中的资金要首先交存证券商，然后由证券商转存银行，其利息收入将自动转入该账户。投资者开立的证券账户，则由证券商免费代为保管。

而场外债券交易就是证券交易所以外的证券公司柜台进行的债券交易，包括自营买卖和代理买卖两种交易方式。场外自营买卖债券是由投资者个人作为债券买卖的一方，由证券公司作为债券买卖的一方，其交易价格由证券公司自己挂牌。自营买卖程序十分简单，具体包括。

（1）买入、卖出者根据证券公司的挂牌价格，填写申请单。申请单上写明债券的种类和提出买入或卖出的数量。

（2）证券公司按照买入者与卖出者申请的券种和数量，根据挂牌价格开出成交单。成交单的内容包括交易日期，成交债券名称、单价、数量、总金额、票面金额，客户的姓名、地址，证券公司的名称、地址，经办人姓名、业务公章等，必要时还要登记卖出者的身份证号。

（3）证券公司按照成交单，向投资者交付债券或现金，完成交易。

可以说，场外交易没有一个专门的账户，只需要在交易时填写申请书和委托单就可以了，所以一般投资者所说的开户都是指场内交易的开户。

⋯※ 债券选择的三个关键词 ※⋯

随着股市风险的不断增加，债券投资在投资者眼里的地位重要起来。面对一个个新债券品种，曾经的选股经验已派不上用场。那么，该如何选择债券呢？这里给出三个关键词，以此来帮助大家选择适合自己的债券。

投资者在看债券类的分析文章，或者媒体提供的债券收益指标时，会发现几个专有名词：久期、到期收益率和收益率曲线。其实只要抓住这三个关键词，投资者就可以买到很好的债券产品。

1. 到期收益率

收益率是选择债券的重要指标。债券的价格虽然不像股票那样波动剧烈，但它品种多、期限利率各不相同，常常让投资者眼花缭乱、无从下手。其实，在投资时凭借到期收益率，投资者即可做出基本的判断。其公式为：

到期收益率=[固定利率+（到期价—买进价）÷持有时间]÷买进价

掌握了债券收益率的计算方法，投资者就可以准确计算出不同债券的到期或持有期内的收益率，从而选出收益相对较高的产品进行投资，做出明智的投资决策。

2. 收益率曲线

债券收益率曲线反映的是某一时点上，不同期限债券的到期收益率水平。收益率曲线可以为投资者的债券投资带来很大帮助。债券收益率曲线通常表现为以下四种情况：

（1）正向收益率曲线。它意味着在某一时点上，债券的投资期限越长，收益率越高，也就是说社会经济正处于增长阶段（这是收益率曲线最为常见的形态）。

（2）反向收益率曲线。它表明在某一时点上，债券的投资期限越长，收益率越低，也就意味着社会经济进入衰退期。

（3）水平收益率曲线。它表明收益率的高低与投资期限的长短无关，也就意味着社会经济出现极不正常情况。

（4）波动收益率曲线。这表明债券收益率随投资期限不同，呈现出波浪变动，也就意味着社会经济未来有可能出现波动。

在一般情况下，债券收益率曲线是有一定角度的正向曲线，即长期利率的位置要高于短期利率。这是因为，期限短的债券流动性要好于期限长的债券，作为流动性较差的一种补偿，期限长的债券收益率也就要高于期限短的收益率。当然，当资金紧张导致供需不平衡时，也可能出现短高长低的反向收益率曲线。

投资者可以根据收益率曲线不同的预期变化趋势，采取相应的投资策略。如果预期收益率曲线基本维持不变，而且目前收益率曲线是向上倾斜的，则可以买入期限较长的债券；如果预期收益率曲线变陡，则可以买入短期债券，卖出长期债券；如果预期收益率曲线变得较为平坦时，则可以买入长期债券，卖出短期债券。如果预期正确，上述投资策略可以使投资者的投资风险降低，收益提高。

3. 久期

久期在数值上和债券的剩余期限近似，但又有别于债券的剩余期限。在债券投资中，久期被用来衡量债券或者债券组合的利率风险，它对投资者有效把握投资节奏有很大的帮助。

一般来说，久期和债券的到期收益率成反比，和债券的剩余年限及票面利率成正比。但对于普通的附息债券，如果债券的票面利率和其当前的收益率相当，该债券的久期就等于其剩余年限。有一个特殊的情况是，当债券是贴现发行的无票面利率债券时，该债券的剩余年限就是债券久期。另外，债券的久期越大，利率的变化对该债券价格的影响也越大，因此风险也越大。在降息时，久期大的债券上升幅度较大；在升息时，久期大的债券下跌的幅度也较大。因此，投资者在预期未来升息时，可选择久期小的债券。

目前来看，在债券分析中久期已经超越了时间的概念，投资者更多地把它用来衡量债券价格变动对利率变化的敏感度，并且对其进行一定的修正，使其能精确地量化利率变动给债券价格造成的影响。修正久期越大，债券价格对收益率的变动就越敏感，收益率上升所引起的债券价格下降幅度就越大，而收益率下降所引起的债券价格上升幅度也越大。可见，同等要素条件下，修正久期小的债券比修正久期大的债券抗利率上升风险能力强，但抗利率下降风险能力较弱。

在众多理财品种中，债券可以说对央行存贷款利率的变动最为敏感，因此，慎重选择合适的债券十分重要。投资者们应根据以上所提供的三个关键词来指导自己合理选择债券，并把这几点具体落实到实践中，这样才能做出正确的选择。

⋯※ 怎样计算债券收益率 ※⋯

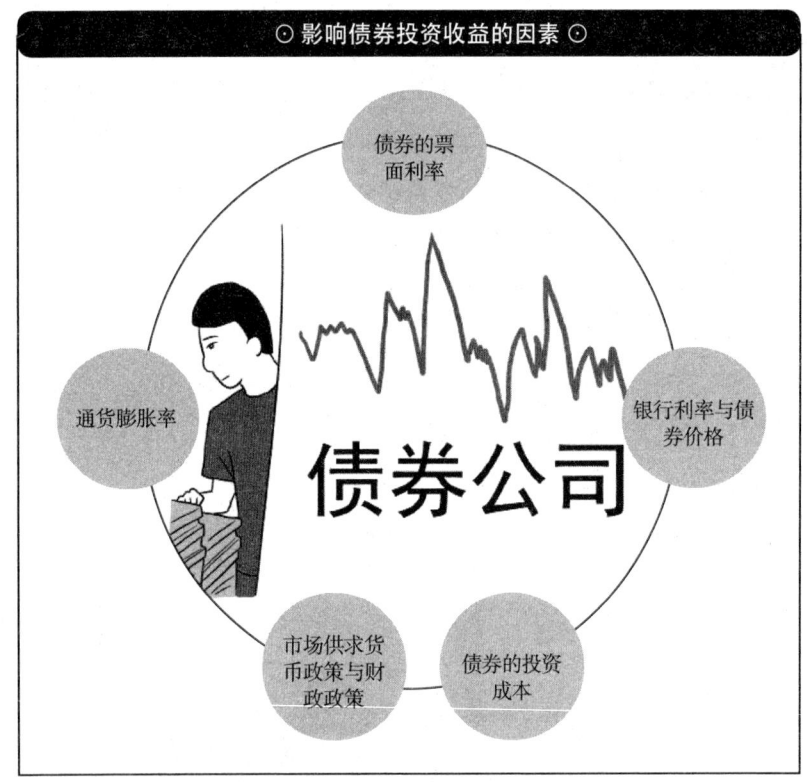

◎ 影响债券投资收益的因素 ◎

债券的票面利率

通货膨胀率

银行利率与债券价格

市场供求货币政策与财政政策

债券的投资成本

债券公司

人们投资债券时，最关心的就是债券收益有多少。债券收益不同于债券利息，债券利息仅指债券票面利率与债券面值的乘积，债券收益率是债券收益与其投入本金的比值，通常用年率表示。对于附有票面利率的债券，如果投资者从发行时就买入并持有到期，那么票面利率就是该投资者的收益率。

很多债券投资者希望持有的债券拥有变现功能，这样持有人不仅可以获取债券的利息，还可以通过买卖赚取价差。在这种情况下，票面利率就不能精确衡量债券的收益状况。人们一般使用债券收益率这个指标来衡量债券的投资收益。

通常我们可以通过媒体和交易所的网站查询某只债券在以当天的收盘价计算出的到期收益率，它的计算公式较为复杂，除了考虑到本金投资的因素还要充分考虑到获得利息进行再投资的因素。这种收益率被称为复利收益率，对于大资金运作的专业机构，用这种收益率计算方式较为科学。但对于中小投资者而言，由于各方面条件的限制，运用复利收益率在操作上有一定的难度，下面介绍一种简单的债券收益率计算方式。

决定债券收益率的主要因素有债券的票面利率、期限、面值和购买价格。最基本的债券收益率计算公式为：

债券收益率=（到期本息和—发行价格）÷（发行价格×偿还期限）×100%

由于债券持有人可能在债券偿还期内转让债券，因此，债券的收益率还可以分为债券出售者的收益率、债券购买者的收益率和债券持有期间的收益率。其各自的计算公式如下：

债券出售者的收益率=（卖出价格—发行价格+持有期间的利息）÷（发行价格×持有年限）×100%

债券购买者的收益率=（到期本息和—买入价格）÷（买入价格×剩余期限）×100%

债券持有期间的收益率=（卖出价格—买入价格+持有期间的利息）÷（买入价格×持有年限）×100%

在计算债券收益的时候，如果把获得的利息进行再投资的因素也考虑进来，把所获利息的再投资收益计入债券收益，据此计算出来的收益率，即为复利收益率。

通常情况下，不同类型债权的债券收益率都是不同的，以下面两种债券为例，来给大家介绍一下具体的计算过程。

1.债券是年利率为单利的债券

债券投资收益率是指在一定时期内购买债券的收益与投资额的比率。

当投资者在市场以价格P购买某一种面值为M、利率为r（单利）、期限为N、待偿期（离到期的时间）为n，且到期一次偿还本息的既发债券时，对于每一单位的债券来说，到期收益为$M（1+rN）$，现在的买入价格为P，故其总收益为$M（1+rN）-P$，其总收益率为$[M（1+rN）-P]÷P$，因该债券离到期的时间还有n年，则其年平均投资收益率R的计算公式为：

$$R=[M（1+rN）-P]÷Pn$$

当投资者购买刚刚发行的新债时，若债券的发行价格和面值相同，则此时债券的投资收益率就是债券的票面利率。若发行价格高于（或低于）面值，则债券的投资收益率就会低于（或高于）票面利率。

若购买的是分期付息的债券，因只有待偿期的利息收入，其投资收益率的计算公式为：

$$R=[M（1+m）-P]÷Pn$$

2.债券是折价发行的债券

有些债券在票面上并不标明利率，而在债券期满时根据票面值一次偿还本息，这样的债券往往采取折价的方法发行，其收益率的计算公式为：

$$R=（M-P）÷Pn$$

若购买的是既发债券，其收益率的计算公式为：

$$R=（M-P）÷PN$$

通过这些公式，我们很容易计算出债券的收益率，从而指导我们做债券投资的决策。

⋯※ 投资风险以及防范 ※⋯

⊙ 不同人生阶段的债券投资 ⊙

处于人生不同的年龄阶段，理财目标与理财攻略也有不同。

单身时期

年轻人刚开始工作，往往消费起来没有节制，甚至成为"月光族"。理财专家认为，单身青年应提高储蓄率，有计划地积累第一桶金，既为今后扩大投资奠定基础，也为结婚、置业做好筹划。

蜜月时期

这是一个已经建立家庭但还没有孩子的时期，或许很短暂。不少家庭有购房还贷压力，有的打算购车，现金资产不多。建议合理使用信用卡，通过无息贷款获取差额收益。

家庭成长期

三口之家被称之为"幸福家庭"，理财专家指出，教育金筹集在这一阶段最重要，在保险需求上，对养老、健康、重大疾病的需求较大。那些有房贷和车贷的家庭，更应合理安排好个人信贷，逐步减少负债。

家庭成熟期

此阶段从子女完成学业到自己退休，经济收入达到高峰状态，债务逐渐减轻，理财重点是扩大投资，制定合适的养老计划。建议将投资的50%购买股票型基金，40%用于债券或定期存款，10%用于投资货币型基金等。

退休养老期

理财专家建议，退休后就应该健康第一，财富第二。老年人的主要收入是退休金、积蓄和理财收入，风险承受能力弱，保本最重要。可安排储蓄和国债在80%以上，合理搭配，以防止通货膨胀让财富缩水。对于资产较多的，还需要采用合法手段节税。

债券投资的最大特点就是收益稳定、安全系数较高又具有较强的流动性。稳健的投资者往往放弃股票投资的高收益，摒弃银行储蓄的低利息，而选择投资债券，其所图之处就在于此。因此，继收益性之后，安全性便成为债券投资者普遍关注的最重要的问题。

债券作为债权债务关系的凭证，与债权者和债务人同时相关，作为债务人的企业或公司与作为债权人的债券投资者就债权与债务关系是否稳定，起着相同的作用，任何一方都无法独立防范风险。企业或公司作为债券的发行者所采用的确保债券安全、维持企业或公司信誉的措施堪称预防措施，是防范风险的第一道防线。

债券，作为一种金融投资工具，它的风险主要有以下几种。

1. 利率风险

利率风险是指利率变动导致债券价格与收益率发生变动的风险。这主要与国家的宏观经济调控有关。一般，利率同债券价格呈相反的运动趋势：当利率提高时，债券的价格就降低；当利率降低时，债券的价格就上升。

为了减小这种风险带来的损害，投资者应当在债券的投资组合中长短期搭配。不论利率上升或者下降，都有一类可以保持较高收益。

2. 价格风险

债券市场价格常常变化，若其变化与投资者预测的不一致，那么，投资者的资本将遭受损失。这是债券本身带有的风险，要规避它，就只能靠投资者的眼光和长远的谋划。

3. 违约风险

有些发放债券的企业由于各种原因，比如管理不善、天灾人祸等，可能会导致企业不能按时支付债券利息或偿还本金，从而给债券投资者带来损失。

为了减少这种风险，投资者在投资前，不妨多了解一下企业经营情况，参看相关部门对企业的信用评价，然后再做决策。

4. 通货膨胀风险

债券发行者在协议中承诺付给债券持有人的利息或本金，都是事先议定的固定金额。如果发生通货膨胀，货币的实际购买能力下降，获利金额在市场上能购买的东西就相对减少，甚至有可能会低于原来投资金额的购买力。

对于这种风险，投资者最好在投资债券时，也投资一些其他的理财项目，如股票、基金等。

5. 变现风险

变现风险是指投资者在急于转让时，无法以合理的价格卖掉债券的风险。有时候由于投资者无法找到更合适的买主，所以需要降低价格，以找到买主。为此投资者不得不承受一部分本金的损失。

针对这种风险，投资者最好选择流动性好的、交易活跃的债券，如国债等，便于得到其他人的认同，也可以在变现时更加容易。

对于投资者来说，正确选择债券、掌握好买卖时机是风险防范的主要措施。

（1）对债券的发行做出各种有利于投资者的规定是重要的一步。如日本的法律规定公司债券发行额要有一定的限额，不能超过资本金与准备金的总和或纯资产额的两倍。金融债的限额一般规定为发行额不能超过其资本金和准备金的5倍。

（2）选择多品种分散投资，是降低债券投资风险的最简单办法。不同企业发行的不同债券，其风险性与收益性各有差异，如果将全部资金都投在某一种债券上，万一该企业出现问题，投资者就会遭受损失。因此有选择性地或随机购买不同企业的各种不同名称的债券，可以使风险与收益多次排列组合，从而最大限度地减少风险或分散风险。

（3）债券期限多样化。如果把全部资金都投在期限长的债券上，一旦发生风险，其损失往往难以避免。因此，在购买债券时，有必要多选择一些期限不同的债券，以防不测。

任何投资都是有风险的，风险不仅存在于价格变化之中，也可能存在于信用之中。因此正确评估债券投资风险，明确未来可能遭受的损失，是投资者在做出投资决策前应做的工作。

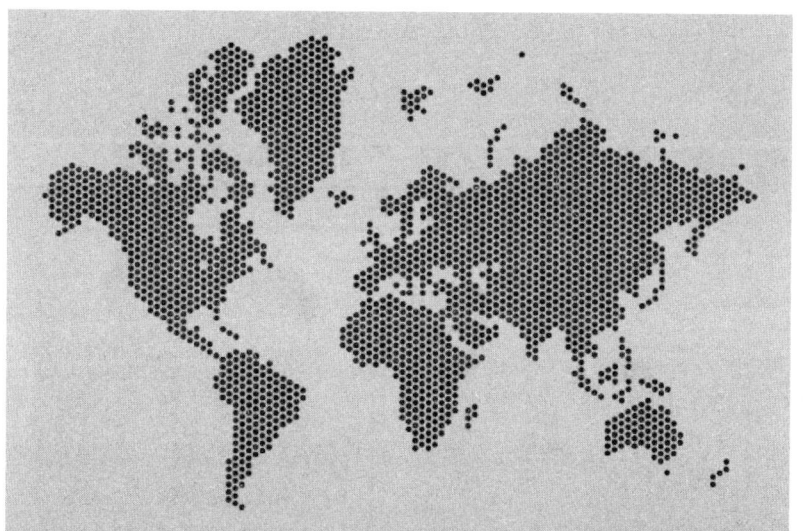

Chapter 13

保险投资，一举两得

┈※ 保险：为幸福之船保驾护航 ※┈

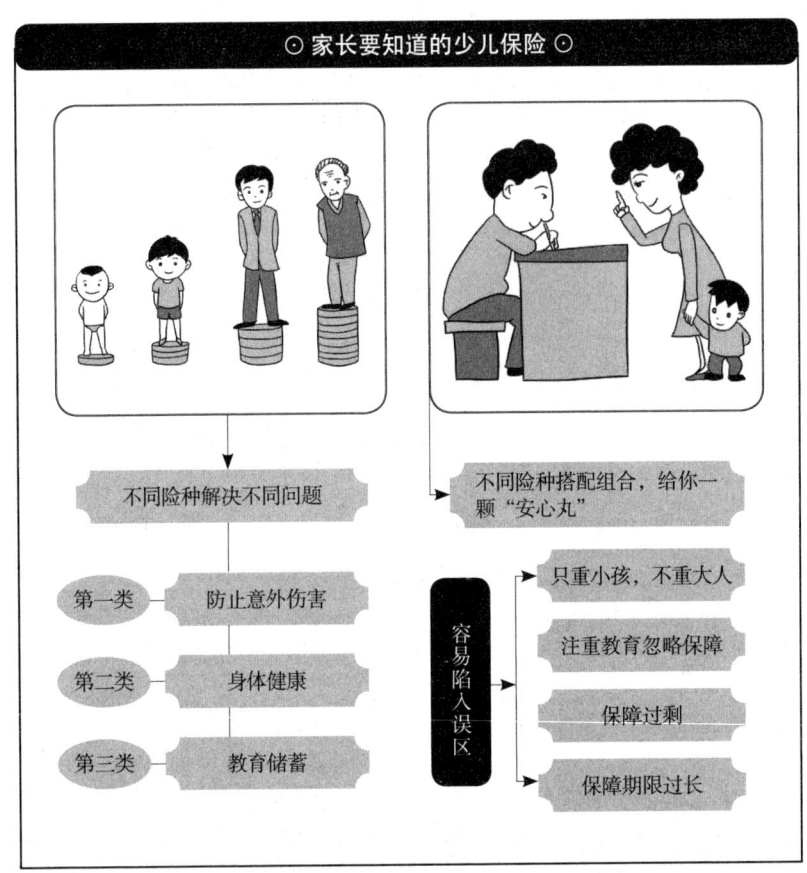

对于保险，生活中常有人说："好好的，买什么保险！即使生病了，我每月也有工资，几年下来存的钱也够应付'飞来横祸'了，所以我根本用不着买保险！"

事实是这样吗？也许，你工作了5年，努力攒下了50万元，可是你能保证这50万元足够支付你或者家人的突发疾病吗？你能保证这50万元足够让你应对事业上的危机吗？退一步来讲，即使这50万元能够应对一切意料之外的事，当这50万元花完之后，你拿什么来养活自己和家人，拿什么保证生活品质能够一如既往？

对于以上问题如果你都不能作出确定的回答，那就赶紧加入保险投资的队伍中来吧！

根据不同的标准，保险可分为以下几大类。

1. 人身保险与财产保险

根据保险标的的不同，保险可分为人身保险和财产保险两大类。

人身保险是以人的寿命和身体为保险标的的保险，在人们遭受不幸或因疾病、年老以致丧失工作能力、伤残、死亡或年老退休后，根据保险合同的规定，保险人对被保险人或受益人给付保险金或年金，以解决病、残、老、死所造成的经济困难。

财产保险广义上讲是除人身保险外的其他一切险种，包括财产损失保险、责任保险、信用保险、保证保险、农业保险等。它是以有形或无形财产及其相关利益为保险标的的一类实偿性保险。

2. 原保险与再保险

发生在保险人和投保人之间的保险行为，被称为原保险。发生在保险人与保险人之间的保险行为，被称为再保险。

具体地说，再保险是保险人通过订立合同，将自己已投保的风险，全部或部分转移给一个或几个保险人，以降低自己所面临风险的保险行为。我们把分出自己承保业务的保险人称为原保险人，接受再保险业务的保险人称为再保险人。

3. 社会保险

以"是否以赢利为目标"作为划分标准，保险可分为商业保险和社会保险两类。社会保险是指在既定的社会政策下，由国家通过立法手段对全体社会公民强制征缴保险费，形成保险基金，用以对因年老、疾病、生育、伤残、死亡和失业而导致丧失劳动能力或失去工作机会的成员提供基本生活保障的一种社会保障制度。社会保险不以赢利为目标，运行中若出现赤字，国家财政将给予支持。商业保险指保险公司所经营的各类保险业务，它以赢利为目标，进行独立经济核算。

4. 政策性保险

政策性保险是指由国家财政直接投资成立的公司或国家委托独家代办的商业保险机构，为了体现一定的国家政策，如产业政策、国际贸易等，通常会以国家财政为后盾，举办一些不以赢利为目的的保险。这类保险所投保的风险一般损失程度较高，但出于种种考虑而收取较低保费，若经营者发生亏损，国家财政将给予补偿。这类保险被称为政策性保险。

在关键时刻，尤其是在面对一些重大的疾病时，保险就是人们最好的经济保障。那时，钱代表的不仅仅是一个符号，而是健康甚至是生命。如果你和家人的健康能够得到很好的保障，你们的财产能够得到充分的保护，生活也就轻松很多了。保险，就是这样一个理财工具，它可以为你的生活提供更多安全，带来更大改变。

…※ 怎样选择一个优秀的保险公司 ※…

⊙ 要选择合适险种需要考虑哪些因素 ⊙

适应性

　　投保要根据自己或家人需要保障的范围来考虑。例如，没有医疗保障的人，可买一份"重大疾病保险"，这样一旦因重大疾病住院而使用的费用就转嫁给了保险公司，适应性很明确。

经济支付能力

　　买人寿保险是一项长期性的投资，每年都需要缴存一定的保费，每年的保费开支必须取决于自己的收入能力，一般来说以家庭年收入的10%～20%较为合适。

选择性

　　无论是家庭还是个人都不可能投保所有险种，只能根据家庭的经济能力和适应性选择部分险种。在经济能力有限的情况下，为成人投保比为独生子女投保更实际，因为作为家庭的"经济支柱"，其生活的风险总体上要比小孩高。

随着我国金融业的发展，各种保险公司如雨后春笋般现身市场，其中既有国营保险公司，又有股份制保险公司和外资保险公司。这既使得投保人有很多种选择，又使投保人面临着更多的困惑。应该怎样选择保险公司呢？投保人不妨从以下几方面来衡量。

1. 公司实力放第一位

建立时间较久的保险公司，相对来说规模大、资金雄厚、信誉度高、员工的素质高、能力强，这些公司对于投保人来说更值得选择。我国国内的保险业由于发展时间比较短，因此主要参考标准为公司的资产总值，公司的总保费收入、营业网络、保单数量、员工人数和过去的业绩，等等。投保人在选择保险公司的时候不应该只考虑保费高低的问题，购买保险除了看价格，保险公司的业务能力也很重要。较大的保险公司在理赔方面的业务较成熟，能及时为投保人提供服务，尽管保费较高，但是能够保证第一时间理赔，仅这一点，就值得选择。

2. 公司规模大小要衡量

很多投保人在投保时，在选择大公司还是小公司上犹豫不决。其实，在这一点上要着重看保险公司的服务水平和质量。一般说来，规模大的保险公司理赔标准一般都比较高，理赔速度也快；缺点是大公司的保费要比小公司的保费高一些。相比之下，小的保险公司在理赔速度这方面就有所不足，但保费会比较低，具有价格上的竞争优势。

3. 产品种类要考查

选择合适的产品种类，就是为自己选择合适的保障。每家保险公司都有众多产品，想要选择一个好的产品，并不容易。找到好的保险公司就不同了，因为一家好的保险公司为投保人提供的保险产品都比较完善，可以从中选择应用广泛的成品。而一家好的保险公司一般应具备这样几个条件：种类齐全；产品灵活性高，可为投保人提供更大的便利条件；产品竞争力强。

4.核对自己的需求

保险公司合不合适最终还要看自身的需求是什么？该公司提供的服务是否符合你的要求？你觉得哪家公司提供的服务更完善？认真和自身情况进行核对、比较，这才是你做决策时最重要的问题。

选择什么样的保险公司就决定了投保者将享受什么样的服务和险种。在众多保险公司面前，任谁都难以抉择，但参考以上四大标准是必不可少的程序。

·····※ 签订保险合同有学问 ※·····

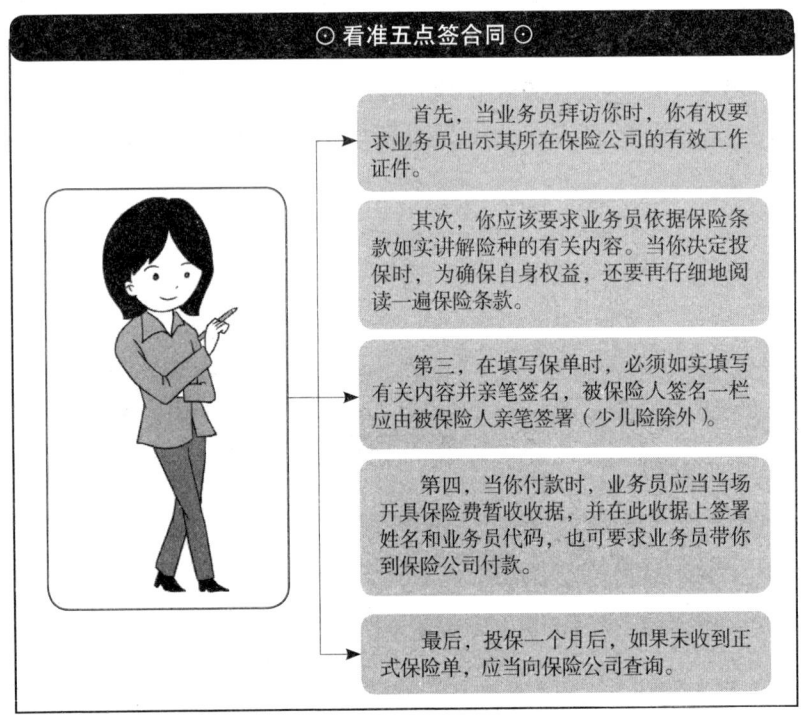

⊙ 看准五点签合同 ⊙

首先，当业务员拜访你时，你有权要求业务员出示其所在保险公司的有效工作证件。

其次，你应该要求业务员依据保险条款如实讲解险种的有关内容。当你决定投保时，为确保自身权益，还要再仔细地阅读一遍保险条款。

第三，在填写投保单时，必须如实填写有关内容并亲笔签名，被保险人签名一栏应由被保险人亲笔签署（少儿险除外）。

第四，当你付款时，业务员应当当场开具保险费暂收收据，并在此收据上签署姓名和业务员代码，也可要求业务员带你到保险公司付款。

最后，投保一个月后，如果未收到正式保险单，应当向保险公司查询。

生活中，很多投保者在经过保险营销员的一番狂轰滥炸之后，往往会误把保险营销员的话当成保险合同的内容，因而在签订保险合同时不加注意，不仔细阅读保险合同条款，从而造成申请理赔时的不便和冲突，最终使自己的利益严重受损。因此，在签订保险合同之前，一定要重点关注以下几点内容。

1. 保险法律原则之一——损失补偿

损失补偿原则是保险的最基本原则，它包括三方面的含义。

（1）补偿以损失为条件，标的物具有可保利益是获取补偿的前提。

（2）损失必须是保险责任范围内的损失，对除外风险所引起的损失，保险公司不承担赔偿责任。保险赔偿额以保险金额为最高限度。

（3）保险赔偿款仅限于由保险事故所引起的直接损失的实际金额。

2. 保险法律原则之二——最大诚信

保险合同属于诚信合同，它特别强调双方当事人的诚信。法律规定，保险合同必须建立在双方诚信的基础上，否则，合同没有法律效力。为确保这一原则的实现，保险合同上有保证、告知等规定。保证和告知是保险合同生效的重要条件。

3. 保险法律原则之三——近因原则

近因是指引起损失的直接有效的原因。近因原则，是指保险实务中指导解决较复杂的风险因素引起的风险损失赔偿的原则。判断一起复杂的风险事故造成的损失是否应由保险公司赔偿，赔多少，取决于造成的损失是否为保险公司承保范围内的风险事故所引起。

如果损失是由并存的多种风险事故所引起的，只要其中不掺杂除外风险，保险公司就应承担责任。若其中掺杂一个或多个除外风险因素，则保险公司仅负部分损失的赔偿责任。若损失难以分别估计，保险公司可以不负赔偿责任。

签订保险合同是参加保险中极为关键的一步，保险合同是投保人将来索赔的重要依据，因此对投保人而言，了解一些基本的保险法则以及与合同有关的法律事宜，对于签订能够全面维护个人权益的保险合同是非常必要的。

⋯※ 自我检视保单的"五个注意" ※⋯

> ⊙ 如何在通货膨胀预期下给孩子买保险 ⊙

宝宝出生28天后即可买商业险。

少儿重疾险越早买越好。

量力而行选择教育金储备。

幼儿免疫力低，极易生病，让父母极为挂心，而医疗费用高涨，社会基本医疗保障力较低，更增大了父母的压力。手头资金预算有余的家庭，最好为宝宝购买一份适宜的商业险。购买意外险时，应注意不要遗漏诸如烫伤、烧伤、跌落、气管异物等孩童常见意外的保障，越全面越好。

重大疾病有年轻化、低龄化的趋向。由于储蓄都是采用风险自担的方式，每次意外和疾病发生时，都需要动用家庭储蓄。因而越早买重疾险，同等保额交付的保费越低，也越早享受到保障。

为使宝宝将来接受高质量的教育，越来越多家长开始关注教育金保险。直观地说，教育金保险是投保人在保险公司进行定期储蓄，到小孩达到读书年龄时再领取来做学费。

保单检视是指投保人购买保险后，在专业人士的协助下根据自身家庭财务状况及风险责任的变动，定期对保单回顾并作出适当的调整。这样可以避免投保人产生一些不必要的资产浪费现象，还可以使自己和家人在保险事故发生时能够获得及时的帮助。那么，该如何检视保单呢？一般来说，要注意以下5个事项。

1.确保保单个人信息无误

投保人在检视保单时须留意自己的个人信息，若联系地址、电话或受益人等发生变化，应尽早通知保险公司更新保单信息。正确的联系信息是客户服务以及理赔工作顺利开展的重要前提。

2.保单是否有效

一份能在关键时刻发挥作用的保单，无论意外保单、健康保单还是养老保单都必须是有效的才能发挥其应有的保障功能。卡式保单需要激活、期缴保单须及时缴费才能保证保单有效。

3.保险责任与保障需求相匹配

家庭需求与外部环境都是不断变化的，因此保障需求也是变化的。儿童的保险应关注健康与意外伤害，成年人则需考虑养老。单身人士的保障需求与婚后、生育后或渐入中老年时都迥然不同。经常外出、从事特种工作的人士须加强意外险或特种行业健康险的保障。

4.明确缴费方式

缴费方式包括期缴和趸缴。趸缴即一次性缴清保费，而大多数保险属期缴型，需投保人定期续缴保费，否则将会因保单断供而错过有效期。

5.保险收益是否抵御通货膨胀

对于养老型、投资型的保险，可留意其投资收益是否还有增值空间。若当前保险投资的收益率较低，可适当调高保障额度。投资型保险的专业性较强，建议投保人定期做保单检视，在专业人士的协助下对保障和投资额度等进行调整。

保单检视并非就单张保单进行"体检"，应该对自己乃至全家的保单进行全面分析，这样才能更好地做出与家庭财务相匹配的保险投资理财规划。

┈※ 如何办理理赔手续 ※┈

对于投保者来讲，最核心的问题便是保险理赔。那么，该如何办理理赔手续呢？

1. 通知保险公司

当发生保险事故时，应立即通知保险公司或业务员，通知的方式有：电话、信函、传真、上门等。

2. 提交申请材料

在通知保险公司以后，应该将保险合同约定的证明文件交给保险公司，也可以书面委托业务员或他人代办。这些文件主要包括：①保险合同。②理赔申请书。③被保险人身份证明和出险人身份证明。④门诊病历和处方。⑤出院小结及诊断证明。⑥医疗费用原始收据。⑦住院费用明细清单。⑧延长住院申请表（条款注明住院超过15天需要申请的）。⑨重大疾病诊断证明书。⑩意外事故证明（如：被保险人驾驶机动车辆发生交通意外需提供有效驾驶证和行驶证，有交警处理的需要提供相关责任认定材料）。⑪残疾鉴定报告（需要与理赔部联系）。⑫授权委托书。⑬被委托人身份证明。⑭受益人存折复印件。⑮受益人身份证明、户籍证明、与被保险人的关系证明。⑯非定点医院申请。⑰公安部门或本公司认可的医疗机构出具的被保险人死亡证明、殡殓证明、事故者户籍注销证明，如：死亡医学证明书、火化证、户口注销等。⑱与事故性质相关的证明材料：意外、工伤事故证明，医院死亡记录及相关病历资料，司法公安机关出具尸检报告书等。

3. 等待

提交申请材料之后，保险公司审核责任并计算赔款额，此过程需等待一段时间。

4. 领款

保险公司审核完毕，会将核赔结论用书面形式通知投保人，投保人带上身份证和书面通知领取保险金即可。

至此，保险理赔的手续就完成了。有很多投保者对保险公司有"投保容易理赔难"的感觉。其实只要具备了必要的理赔凭证，理赔将不是一个难题。

·····※ 保险公司破产，保险单会泡汤吗 ※·····

⊙ 保险公司理赔原则 ⊙

理赔

理赔原则

重合同，守信用。 保险合同所规定的权利和义务关系，受法律保护，因此，保险公司必须重合同、守信用，正确维护保户的权益。

坚持实事求是。 在处理赔案过程中，要实事求是地进行处理，根据具体情况，正确确定保险责任、给付标准、给付金额。

主动，迅速，准确，合理。 要让保户感觉到保得放心，赔得心服。

2008年9月16日，华尔街遭遇"黑色星期一"。当天，雷曼兄弟宣布破产，美林被收购，全球保险业"一哥"美国国际集团评级面临调降。华尔街金融版图巨变震动市场，纽约股市遭遇恐慌性抛售。金融危机发生后不久，市场又传出消息，称AIG将考虑分拆和出售资产，以便渡过难关。那么，作为AIG附属公司AIA友邦保险的前景又将如何？许多投保人担心自己在友邦买的保单是否会随着AIG破产而灰飞烟灭。这些消息不禁让人担忧，AIG如此大的公司都会出现危机，其他的保险公司也保不准哪天就宣布破产了，一旦破产，保险会不会化为乌有？保单会不会变成废纸呢？

人们有这样的担心很自然，也不是没有道理，但是如果了解了国家的有关政策法规就会觉得这种担心有点多余。

保险公司是企业，因此，同其他企业一样，也会有生命周期，有破产的可能。保险公司经营不善、入不敷出，或者在经营上有重大违规事由，同样可能导致公司破产或被监管机构撤销。在2008年的金融危机中，美国国际集团、荷兰国际集团等企业就出现了这样的问题。具体来看，不仅财产保险公司会破产，人寿保险公司也可能会破产。当然，为了避免这类情况发生，各国都对保险公司的成立、破产制定了明确的制度规定，并对保险公司的资金运行等进行严格的监管。

在我国，《中华人民共和国保险法》（以下简称《保险法》）第87条规定："保险公司不能支付到期债务，经保险监督管理机构同意，由人民法院依法宣告破产。"但是，从20世纪80年代初我国保险业恢复以来，保险公司从1家发展到现在的100多家，其间经历了东南亚金融危机以及2008年的全球性金融危机，却没发生过一例破产事件。这是因为，我国保险法律法规，对保险公司的设立规定了严格的条件和申请程序；保险监管机构，也对保险公司的批设采取审慎的态度。例如，规定其最低注册资本金须有2亿元人民币，其组织形式必须是股份制有限公司，对公司的股东有比较严格的要求，并对任职的公司高管人员有严格的资格要求和资格审查等。

《保险法》还规定："经营有人寿保险业务的保险公司，除分立、合并外，不得解散。"可见，较高的行业准入门槛、严格的保险公司设立程序以及寿险公司不得解散的规定，一开始就从法律上保证了公司具备持续经营的能力，保证寿险被保险人利益不受公司非法侵害。此外，保险公司的经营过程，也始终处于国家保险监管机构的严密监管之下。

当然，保险公司作为自负盈亏、自主经营的市场个体，也会遇上经营困难，也会有破产的可能，不过"就算将来真有保险公司破产，被保险人也不会血本无归"，所以投保人大可不必惊慌。

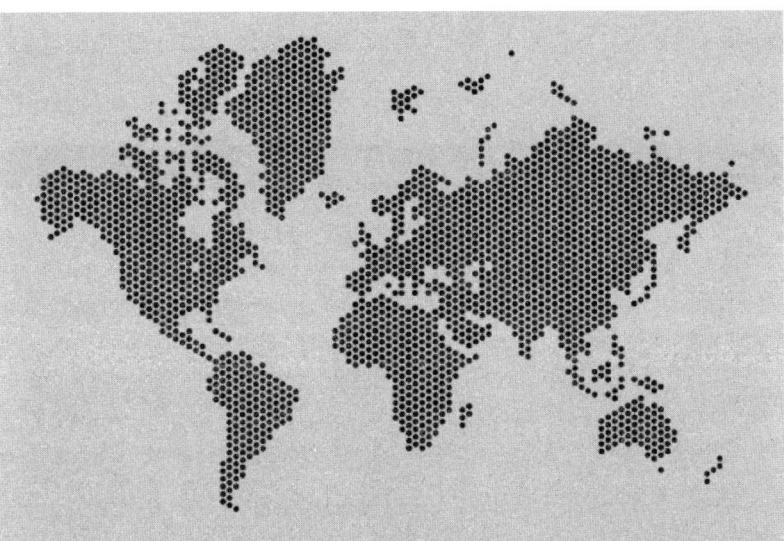

Chapter 14

防范金融陷阱，把钱放进保险柜

……※ 统计数据告诉我们什么 ※……

⊙ 为什么我国的统计数据经得起任何检验 ⊙

如果依据对统计数据的分析来了解金融运行的总体态势，那么就要保证统计数据的质量。我国已经建立起一套完整的金融统计质量保障机制，在此基础上得出的统计数据经得起任何检验。

首先，有一系列的法律法规对金融统计工作予以规范，如国家颁布的《中华人民共和国统计法》，中国人民银行制定的《金融统计管理规定》。

其次，有一套可靠的统计体系，能够有效保证数据的全面性和准确性。我国金融统计的全面统计以各银行的会计科目与会计数据为基础，会计数据本身是可以核对的，会计科目和统计项目之间的对照关系也是可以核对的。中国人民银行每年还组织专门检查，督察规范各金融机构的统计工作。

在上述机制的保障下，我国的金融统计数据是可靠的、令人放心的，它能为经济"诊断"提供准确的依据。

中华人民
共和国
统计法

金融统计
管理规定

生活中，人们往往通过观察金融统计数据的变化，以及分析它们之间的关联性来判断当前的经济运行状况，并对未来较短时期内的经济走势有一个相对明确的预期。

2011年一季度央行金融统计数据报告显示，2002—2010年，我国社会融资规模由2万亿元扩大到14.27万亿元，年均增长27.8%，比同期人民币各项贷款年均增速高9.4个百分点。2010年社会融资规模与GDP之比为35.9%，比2002年提高19.2个百分点。我国融资结构呈现多元发展，金融对资源配置效率不断提高。一是2010年企业债融资和非金融企业股票融资分别占同期社会融资规模的8.4%和4.1%，其中企业债融资比2002年上升6.8个百分点；二是银行承兑汇票、委托贷款和信托贷款占比明显上升。2010年银行承兑汇票、委托贷款和信托贷款分别占同期社会融资规模的16.3%、7.9%和2.7%，分别比2002年高19.8个百分点、7个百分点和2.7个百分点。

正所谓以管窥豹，通过观察和分析几组简单的金融统计数字，就能清楚地了解我国金融体系的总体运行情况。

以下4类金融统计数据能帮助我们大致认识全国的金融形势：①货币供应量。中国人民银行定期公布各层次货币供应量的余额及增减情况。将货币供应量增长与经济增长及物价上涨三类指标相联系，就能大致判断货币供应是否满足实际需要。②金融机构存款与贷款的余额及变化情况。③各种利率、汇率的水平及变化情况。国家的存储，如外汇储备、黄金储备，通过这些数据能直观感受到一国政府掌握的财富。④企业商品价格指数，它能反映出批发货物总价水平的变动情况。

通常情况下，将同一种数据不同时间段的数值加以比较分析，或者将不同类型的数据结合起来观察，就能了解金融运行的总体态势，发现其中的一些特征。

⋯⋇ 读懂个人信用报告 ⋇⋯

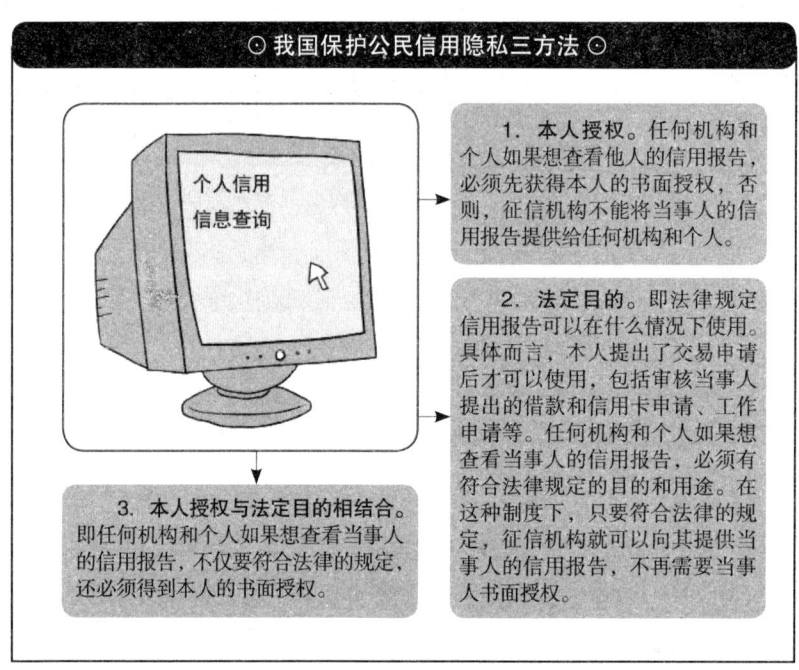

个人信用报告是征信机构出具的全面、客观记录个人过去信用信息的文件，是个人的经济"身份证"。个人信用报告主要用于个人求职招聘、商业机构信用管理、金融机构信用卡发放、信贷管理等领域，通过查询个人信用报告，机构或个人可以快速了解被查询者的教育背景、工作经历、历史信用记录等信息，从而有效防范和化解个人信用风险。

个人信用报告中包含多方面信息：

（1）当事人的基本信息，包括当事人的姓名、证件号码、家庭地址、工作单位等；

（2）当事人在银行的贷款信息；

（3）当事人的信用卡信息，当事人有哪几家银行的信用卡，信用卡的透支额度以及还款记录等；

（4）当事人开立银行结算账户的信息，如当事人的姓名、证件号码、开户银行代码、开户日期等，但不包括当事人结算账户的存取款、转账支付和余额信息；

（5）当事人的信用报告被查询的记录，即何人、何时、什么原因查看了当事人的信用报告；

（6）其他相关信息，个人住房公积金缴存信息、社会保障信息、是否按时交纳电话、水、电、燃气等公共事业费用的信息，以及法院民事判决、欠税等公共信息。

通常情况下，个人信用报告主要分为两大类，一类是给当事人自己看的，包括征信机构拥有的所有关于当事人的信息；另一类信用报告是给银行或其他机构看的，包含当事人所有的信用交易信息，但出于公平竞争的目的，个人信用报告里没有记录与当事人进行信用交易的机构的信息，除非这家机构就是查询当事人的信用报告的机构。

一般来说，向个人提供信用报告是很多国家的法律中规定的征信机构应尽的一项义务，因此，如果个人要看自己的信用报告，可以向征信机构提出申请，征信机构应满足本人的要求，提供信用报告。这项服务在很多国家都是有偿的。其他人是不可以随便看个人信用报告的，各国在这方面都制定了严格的制度，以限制信用报告的使用，保护公民的隐私。征信机构如实地提供个人信用报告，以作为银行等信贷机构决定是否给借款人提供贷款的重要参考之一。同时，银行等信贷机构是否给借款人提供贷款还会考虑信贷政策、借款人的基本情况、借款人的信用情况等因素，因此，个人信用报告只是帮助银行等信贷机构作出信贷决定的参考之一，并不是唯一依据。

·····※ 反洗钱 "逼退" 黑钱 ※·····

⊙ 我国反洗钱工作现状 ⊙

我国反洗钱尚处于起步阶段，体系不完善。

一是法律体系方面，只是初步形成了由刑事立法、有关金融法规、行政法规和部门规章构成的反洗钱法律框架。

二是在履行反洗钱职责方面，除了人民银行将反洗钱作为一项主要职责外，其他执法部门和 行业，既没有将反洗钱作为本部门和行业的一项职责写进法律里，也没有针对反洗钱行业的规章，缺乏有威慑力的打击手段。

三是反洗钱在意识形态中，人们对"洗钱"的熟悉模糊，甚至很多人不知道"洗钱"这个名词。

反洗黑钱行动

据国际货币基金组织的统计，全球每年非法洗钱的数额约占世界各国国内生产总值的2%～5%，介于6 000亿～18 000亿美元，且每年以1 000亿美元的数额不断增长。特别是在当前经济全球化、资本流动国际化的情况下，洗钱活动对国际金融体系的安全、对国际政治经济秩序的危害极大。

中国人民银行颁布的《金融机构反洗钱规定》将洗钱界定为"将毒品犯罪、黑社会性质的组织犯罪、恐怖活动犯罪、走私犯罪或者其他犯罪的违法所得及其产生的收益，通过各种手段掩饰、隐瞒其来源和性质，使其在形式上合法化的行为"。

洗钱是严重的经济犯罪行为，不仅破坏经济活动的公平公正原则，破坏市场经济有序竞争，损害金融机构的声誉和正常运行，威胁金融体系的安全稳定；而且洗钱往往与走私、贩毒、贪污贿赂、金融诈骗等严重犯罪共生，是这些犯罪的下游犯罪。

反洗钱是政府针对洗钱所带来的负面影响，动用立法、司法力量，调动有关的组织和商业机构对可能的洗钱活动予以识别，对有关款项予以处置，对相关机构和人士予以惩罚，从而达到阻止犯罪活动目的的一项系统工程。

近年来，随着走私、贩毒、贪污贿赂等犯罪不断发生，非法转移资金活动大量存在，我国的洗钱问题日渐突出。由于缺乏对洗钱行为的预防监控措施，导致不能及早发现犯罪线索，从而影响了追查、打击洗钱犯罪及其上游犯罪和追缴犯罪所得。

金融业是现代经济的核心，它承担着社会资金存储、融通、转移的职能，对社会经济发展起着重要的促进作用，但同时也容易被犯罪分子利用，以看似正常的金融交易做掩护，改变犯罪收益的资金形态或转移犯罪资金。金融不稳定容易导致金融危机甚至社会危机，而大量的洗钱活动对金融市场的稳定和金融系统的安全构成很大威胁。因此，金融业是反洗钱工作的前沿阵地，可以尽早识别和发现非法资金，通过追踪犯罪资金的流动，预防和打击犯罪活动。

总而言之，反洗钱对维护金融体系的稳健运行，维护社会公正和市场竞争，打击腐败等经济犯罪具有十分重要的意义。

·····❋ 教您识别假币的方法 ❋·····

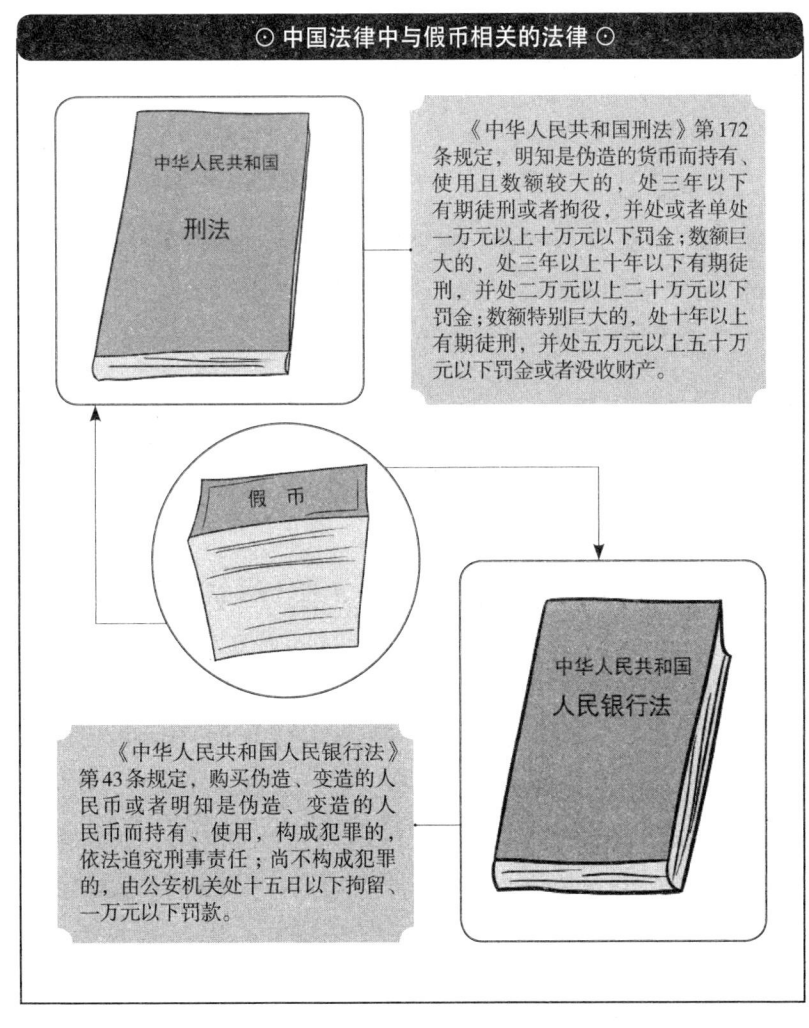

⊙ 中国法律中与假币相关的法律 ⊙

《中华人民共和国刑法》第172条规定，明知是伪造的货币而持有、使用且数额较大的，处三年以下有期徒刑或者拘役，并处或者单处一万元以上十万元以下罚金；数额巨大的，处三年以上十年以下有期徒刑，并处二万元以上二十万元以下罚金；数额特别巨大的，处十年以上有期徒刑，并处五万元以上五十万元以下罚金或者没收财产。

《中华人民共和国人民银行法》第43条规定，购买伪造、变造的人民币或者明知是伪造、变造的人民币而持有、使用，构成犯罪的，依法追究刑事责任；尚不构成犯罪的，由公安机关处十五日以下拘留、一万元以下罚款。

现代经济生活离不开货币，货币作为一种特殊的商品，不仅充当商品流通的媒介，更是财富的载体和象征，自从有了货币，假币也随之产生。综合各种人民币假币的主要特征和制作手段，一般可以归纳为伪造币和变造币两大类。

1.伪造币

伪造币是指仿造真币的图案、形状、色彩等，采取各种手段制作的假货币。有用油印定位，手工着色，正背两面经分别仿制后粘贴而成的；有用木刻后手工修饰的；有仿照人民币图案绘画、着色的，但这种纯手工绘制的很少见；有彩色复印或黑白复印后手工着色的，更多的是用印刷机印刷的。

2.变造币

变造币是指在真币的基础上，利用挖补、揭层、涂改、拼凑、移位、重印等多种方法制作，改变真币原形态的假币。变造币由于其变造后改变了真币的一些特征，一般容易识别。

鉴别人民币的真伪，主要有直观对比法、仪器检测法、特殊分析法。

（1）直观对比法可概括为眼观、手摸、耳听三种方法。眼观，即用肉眼看钞票的水印是否清晰、有无层次和立体的效果、看安全线、看整张票面图案是否单一或者偏色、看纸币的整体印刷效果，人民币真币使用特制的机器和油墨印刷，整体效果精美细致，假币的整体效果粗糙，工艺水平低；手摸，我国现行流通的人民币1元以上券用凹版印刷技术，触摸票面上凹印部位的线条是否有明显的凹凸感，假币无凹凸感或者凹凸感不强烈；耳听，人民币纸币所使用的纸张是经过特殊处理、添加化学成分的纸张，挺括耐折，用手抖动或者用手弹击会发出清脆的声音，如果是假币，抖动或者弹击的声音发闷。

（2）仪器识别法，最简单的方法是用5～10倍的放大镜来观察真假币的微缩文字、接线、图案颜色，一般都能辨别出真伪；用专用验钞仪检测荧光纤维、荧光油墨的荧光反应；用磁性检测仪检测磁性号码、磁性安全线等部位的磁性特征；而对于那些采用高科技仿制的质量较高的假币，可采用对接重影比较仪进行图纹重合检查，将真币和待测币放在对接重影比较仪下，仔细地对两者的图案、花纹、文字进行重合比较。

（3）特殊分析法是指通过专用设备分析纤维部分、油墨成分等方法鉴定纸币的真伪。

如果在日常生活中见到假币，请将其上缴各地的银行、农村信用社等金融机构，这些机构有专门的工作人员负责假币回收。如果发现有人制作、贩卖假币，请及时向当地公安机关报告，提供线索。防范假钞是一场全民行动，需要政府、社会和公众的共同努力。

·····※ 不得不防的金融陷阱 ※·····

⊙ 庞氏骗局的共同特点 ⊙

庞氏骗局的共同特点

第一，低风险、高回报的反投资规律特征。

第二，拆东墙、补西墙的资金回补特征。

第三，投资者结构的金字塔特征。

第四，投资的反周期性特征。

对于个人来说，天下绝对没有免费的午餐。在这个世界上，获取财富只能靠奋斗，意外之财是没有的，鲜花背后多半是陷阱。如果事情听起来美好得不像是真的，那就绝不是真的。

2008年12月11日晨，美国华尔街传奇人物、纳斯达克股票市场公司前董事会主席伯纳德·麦道夫因涉嫌证券欺诈被警方逮捕。检察人员指控他通过操纵一只对冲基金，使投资者损失大约至少500亿美元。《纽约时报》说，这可能是华尔街历史上最大的欺诈案。

在多项金融陷阱中，"庞氏骗局"可谓是最出名也最普遍的一种。2009年6月29日，世界金融史上最大的金融欺诈案主犯伯纳德·麦道夫被美国纽约南区联邦法院判处150年监禁，并罚款1 700亿美元。法院还要求麦道夫出售其在曼哈顿价值700万美元的公寓，在佛罗里达的价值1 100万美元房产及价值400万美元的住宅，一艘价值220万美元的游艇。麦道夫诈骗案涉及金额超过600亿美元，为世界金融历史上最大的"庞氏骗局"。

那么什么是"庞氏骗局"呢？

"庞氏骗局"是以高资金回报率为许诺，骗取投资者投资，用后来投资者的投资偿付前期投资者的欺骗行为。"庞氏骗局"是一种最古老和最常见的投资诈骗行为，是金字塔骗局的变体，很多非法的传销集团就是用这一招聚敛钱财的。这种骗术是一个名叫查尔斯·庞齐的投机商人发明的。

查尔斯·庞齐是一位生活在十九、二十世纪的意大利裔投机商，1903年移民到美国，1919年他开始策划一个阴谋，吸引人们向一个子虚乌有的企业投资，许诺投资者将在45天之内得到50%的利润回报。然后，狡猾的庞齐把新投资者的钱作为快速赢利付给最初投资的人，以诱使更多的人上当。由于前期投资者回报丰厚，庞齐成功地在7个月内吸引了3万名投资者，他不断吸纳新投资者的钱，并将其付给前期投资者。前期投资者获得了巨大的投资回报，就宣称他是投资天才，于是，更多新投资者携带现金纷至沓来。而此时，庞齐卷走了这些新投资者的钱财，逃得无影无踪。当时，大约4万人被卷入这场骗局，被骗金额达1 500万美元。这场阴谋持续了一年之久，那些被利益冲昏头脑的人们才清醒过来，后人称之为"庞氏骗局"。

在20世纪80年代，我国南方地区曾经出现一种"老鼠会"，就是"庞氏骗局"的翻版。而更令人熟知的"庞氏骗局"改进版，就是各种各样的传销。一些在中国发生的非法集资案，大多也都是"庞氏骗局"的再现。2007年"蚁力神事件"，也是类似的骗局，利用新加入的购买设备和蚂蚁种的钱来支付之前的投资者。其他如"万里大造林"，事实上也是这一骗局的更新版，只不过"庞氏骗局"45天的回报周期，被"万里大造林"改为8年。其他如向农民推销种植某种奇怪的农产品或养殖产品，然后许诺高价回收，都属于此类骗局，甚至还有人把中国股市的某些行为也称为庞氏骗局的翻版。